마틴 루터 킹

마틴 루터 킹

오병학 지음

규장

세상에 자유와 정의를 외치다

1963년 8월 29일, 마틴 루터 킹은 워싱턴 대행진에 참여한 수십만 명의 군중을 향하여 이렇게 연설하였다.

"나에게는 꿈이 하나 있습니다. 조지아의 붉은 언덕에서 노예의 후손들과 그 노예를 부렸던 자들의 후손들이 형제의 사랑을 나누면서 식탁에 함께 둘러앉는 것입니다. 그 꿈은 곧 야만성과 억압으로 가득 찬 미시시피 주가 자유와 정의의 땅으로 변화될 것을 희망하는 것이기도 합니다. …거듭 말하지만 나에게는 아직 그런 꿈이 있습니다…"

흑인 목사 마틴 루터 킹. 그는 서른아홉 살이라는 짧은 나이로 생애를 마쳤지만 그가 이루어놓은 일들은 짧은 생애와는 비교할 수 없을 만큼 컸으며, 지금까지도 그 영향력이 이어지고 있다.

마틴 루터 킹이 살던 당시의 미합중국은 에이브러햄 링컨 대통령이 노예해방을 선언한 지 꽤 오랜 세월이 지난 상태였다. 그러나 여전히 흑인들은 차별을 받았고, 온전한 국민으로 존중받지도 못했다. 노예의 족쇄만 풀렸을 뿐 교육, 생활, 취업 등 생활 곳곳에서 차별당하고 소외되고 있었다.

켜켜이 쌓인 설움과 분노와 슬픔 속에서 흑인들은 자신들의 권리를 찾기 원했고, 마틴 루터 킹은 이런 흑인들을 위해 자신의 삶을 온전히 바쳤다.

마틴 루터 킹은 세계 온 인류의 자유와 권리와 정의를 위해 투쟁한 상징이 되었다. 그의 투쟁 방법은 철저한 비폭력운동이었다. 그러다가 마침내는 불의의 총탄에 쓰러지고 말았다. 하지만 그의 죽음은 그 어떤 것보다도 강력한 자유와 정의의 함성이 되어 온 미국과 온 세계에 메아리쳤다.

그의 장례식에서는 생전에 그의 목소리가 녹음된 테이프가 돌아가고 있었고, 흘러나오는 그의 음성은 많은 사람들의 가슴을 울렸다.

"나는 오직 침묵 속에서 정의만 외쳐왔다고 전해주십시오. 그리고 헐벗은 자에게 입을 것을 주고, 주린 자에게 먹을 것을 주고, 인류를 사랑하고 봉사했다고만 전해주십시오."

오병학

저자의 말

차례

흑인으로 태어난 슬픔

애틀랜타 시의 오번 가,
전체가 회색으로 칠해진 목조 가옥에서 꽤 오랜 시간 동안 초조한
낯빛으로 거실을 서성거리는 사람이 있었다. 바로 마틴 루터 킹 1세
였다.

'아기가 어서 무사히 태어나야 할 텐데….'

2층에서 두 번째 아기를 낳기 위해 고통스러워하는 아내의 목소
리가 들려오자 그는 당황하고 긴장된 표정으로 초조하게 주변 상황
을 살폈다. 이마에 깊이 팬 주름만으로도 그의 마음을 짐작할 수 있
을 정도였다.

몇몇 여자들이 집 안을 분주히 돌아다니며 담요와 수건 등을 챙겼
고, 난로 위에 놓여 있는 커다란 주전자에서는 킹 목사의 마음과 상
관없이 무심하게 김을 뿜어내면서 물이 끓고 있었다. 현관 쪽에서는

방문객 몇 명이 무엇인가를 열심히 의논했다.

하루가 지나도록 꼬박 산고를 겪고 나서야 킹 목사의 아내인 앨버타는 사내 아기를 낳았다. 그런데 어찌 된 일인지 태어난 아기는 움직이지 않았고, 숨조차 쉬지 않는 것처럼 보였다. 의사는 재빨리 아기의 두 발을 한 손으로 움켜잡아 공중으로 들어 올렸고 다른 손으로는 아기의 엉덩이를 두어 번 철썩철썩 내려쳤다. 그때서야 아기는 "으앙" 하고 울음을 터뜨렸다.

1929년 1월 15일 추운 겨울날, 마틴 루터 킹 2세는 그렇게 비교적 안락하고 풍요한 집에서, 훌륭한 시트와 좋은 음식이 충분히 준비되어 있는 가정에서 태어났다. 당시 애틀랜타에서는 그만큼 좋은 환경도 그리 흔치 않았다.

그러나 아무리 풍족하고 환경이 좋은 가정에서 태어났어도 이 아기 역시 벗어날 수 없는 굴레를 쓰고 태어났다. 바로 흑인이라는 사실이다. 그래서인지 킹 목사는 갓 태어난 아들을 보면서 기쁜 마음보다 우울한 마음이 앞섰다. 흑인으로 태어났으니 앞으로 평생 동안 차별받고 억울한 인생을 살아갈 것이 분명했다.

당시 미합중국, 그중에서도 특히 조지아 주에 속한 애틀랜타 시의 법률은 흑인들이 절대로 백인들과 동등한 권리를 가질 수 없도록 되어 있었다. 같은 인간으로 태어났지만 단지 피부가 검다는 한 가지 이유만으로 인간 대접을 받지 못했고, 어떤 때는 인간 이하의 굴욕까지도 당해야 했다. 이런 현실은 형벌과 다를 바가 없을 정도였다. 그리고 이러한 법률 아닌 법률은 미합중국에서 무려 300년 동안이나 이어져왔다.

킹 목사의 조상은 다른 흑인들의 조상과 마찬가지로 아프리카 대륙에서 건너왔다. 물론 예외도 있지만, 그때의 흑인들은 대부분 강제로 끌려왔다. 유럽의 백인들이 아프리카로 가서 흑인을 사냥하여 노예 상인에게 팔면, 노예 상인들은 흑인들을 아메리카 대륙으로 데리고 가서 다시 팔았다. 이때 흑인들의 형편은 마틴 루터 킹이 태어날 때와는 비교조차 할 수 없을 만큼 비참했다. 백인들로부터 짐승보다도 못한 혹독한 대접을 받았기 때문이다.

그들은 노예 상인들의 손에 이끌려 이리저리 팔려갔고, 팔린 후에는 주인으로부터 짐승 취급을 받으며 고된 노동에 시달려야 했다. 그때는 아메리카 대륙을 개척하던 시기였고, 많은 양의 농산물을 생산하고 관리하는 일에 많은 노동력을 필요로 했다. 그래서 법적으로도 노예제도를 인정하고 있었던 것이다.

백인들은 흑인 노예를 사람으로 보지 않았다. 학교를 보내거나 교육을 받도록 하는 일은 생각조차 하지 않았고 그저 농장에서 일만 시켰다. 튼튼한 흑인 여자에게는 아이 하나라도 더 낳게 해서 노동력을 늘리려고만 했다.

1807년 무렵에 이르렀을 때 흑인들 가운데 절반 정도는 여전히 노예였고, 절반 정도는 자유를 얻었으나 노예와 다름없는 삶을 살아갔다. 그러는 가운데 뜻있는 백인들이 노예를 미국으로 사들이는 일을 금지하는 법률을 만들었다.

그러면서 미국 북부에서는 노예제도를 철폐하려는 움직임이 일어나기 시작했다. 미 북부는 공업이 발달했는데, 해방된 흑인들은 값싸고 좋은 노동력이었기 때문에 노예제도를 폐지하려고 했던 것이다. 그러나 농업이 발달한 미 남부에서는 흑인 노예가 절대적으로 필요하다고 생각했다. 그래서 미국 북부와 남부는 노예제도 폐지를 놓고 대립하기 시작했다.

노예제도에 대한 남북 간의 논쟁은 계속되었고, 결국 1861년 2월에는 남부에 속한 7개의 주가 미연방으로부터 탈퇴하여 독립하겠다는 발표를 하기에 이르렀다. 그 결과 그해 4월에 남북전쟁이 일어났다. 남과 북은 오랫동안 치열하게 전쟁을 했으며, 1865년에 자유와 양심의 깃발을 내건 북부가 승리를 거두었다.

당시 대통령이던 링컨은 흑인들의 구세주가 되어 노예제도를 폐지했지만, 이 전쟁으로 인해 이미 미국 내부는 큰 상처를 입은 상태였다. 링컨은 남과 북을 모두 품으며 평등한 미국을 만들어가려고 했다. 그러나 안타깝게도 그는 노예가 해방되던 해에 암살당하고 말았다.

이제 법적으로 노예제도가 폐지되었으니 흑인들에게 자유가 주어질 줄 알았다. 그러나 현실은 사뭇 달랐다. 법적으로는 노예제도가 사라졌지만 생활 속에서의 차별과 무시는 여전히 남아 있었다.

노예제도가 철폐되었다고 해도 노예제도를 지지하던 사람들은 교묘한 방법과 수단으로 흑인들을 괴롭혔다. 심지어는 흑인들에게 테러를 감행하는 KKK단 같은 단체도 생겨났다. 이런 단체들은 주로 공무원으로 선출되어 일하고 있는 흑인들을 대상으로 테러를 했다. 대낮에 길 한복판에서 그들을 살해하기도 했고, 선거에 출마

하는 흑인들을 집단 폭행하여 선거에 참여할 수 없도록 방해하기도 했다.

그러나 연방 경찰이나 사법부는 이런 일들이 고발되더라도 형식적으로 다룰 뿐 범인을 잡으려는 성의조차 보이지 않았다. 흑인들에 대한 백인들의 차별 의식이 공공연히 드러나는 셈이었다.

심지어 남부의 어떤 주는 백인이 다니는 병원에서는 흑인이 진료를 받을 수 없다는 법안을 통과시키기까지 했다. 또한 흑인은 백인이 다니는 학교에서 함께 공부할 수가 없었고, 백인이 이용하는 공원에는 들어갈 수 없었으며, 버스나 기차에서도 뒷자리에나 겨우 앉을 수 있었다. 노예법은 사라졌지만 그 자리를 대신하여 차별법이 등장한 것이다. 백인 전용 식당이나 술집 등이 생겨난 것도 이때부터의 일이다. 만약 흑인이 이런 법을 어기면 백인 폭력배에게 몰매를 맞아 크게 다치거나 죽기 일쑤였다.

북부에서는 약간 사정이 달랐지만, 그렇다고 해서 흑인들이 백인들과 동등한 대접을 받은 것은 아니었다. 백인들은 교묘한 방법으로 흑인들을 차별했다. 어디를 가나 '여러분은 보호구역을 벗어나면 안 됩니다', '여기서만 수영을 허락합니다', '빈자리가 없으니 양해하여 주십시오' 하는 등의 팻말이 세워져 있어 흑인들은 철창 없는 감옥 생활을 하는 것과 다름없었다.

혹시라도 미처 팻말을 보지 못하고 흑인이 식당 안으로 들어서면 주인은 마지못해 음식을 내놓기는 했지만 음식에 달걀 껍데기를 섞기도 하고 음식 찌꺼기를 섞어 주기도 했다. 이런 방법으로 자연스럽게 백인만 이용하도록 만들었다.

자녀교육에 있어서도 백인들은 자신의 자녀들이 어려서부터 흑인들과 어울리지 않도록 교육시켰다. 흑인을 조롱하고 비난하고 얕보는 말을 서슴없이 사용하기도 했다.

"흑인들의 뇌는 우리보다 작고, 그들은 엉덩이 안에 꼬리를 감추고 다닌단다."

"흑인들은 죄다 이상한 병에 걸려 있지. 그래서 그들 곁에만 가도 코를 찌르는 냄새가 나는 거야."

"흑인들은 지능이 짐승보다도 낮은 데다 게으르기 짝이 없어. 그러니 그들을 가까이해서는 안 되는 거야."

그래서 백인들은 어려서부터 자연스럽게 흑인들과 어울리면 안 되고, 백인이 훨씬 우월한 존재라고 생각하게 되었다.

해방된 흑인들은 북부로 가서 공장에 취직했다. 그러나 공장 일도 농장의 일 못지않게 힘들었고 급여도 적었다. 그러다보니 많은 흑인이 도시의 빈민이 되었고, 교육이나 생활의 혜택을 누리지 못하고 그저 먹고사는 데만 급급할 수밖에 없었다.

이렇게 인종차별을 당하는 흑인들은 반응이 여러 가지였다. 대개의 흑인들은 백인들의 횡포를 운명처럼 받아들이면서 일찌감치 인간으로서의 존엄성을 포기했다. 그러나 더러는 무섭게 반항하기도 했다. 그래도 백인들의 힘과 자본 앞에서는 역부족이었다.

배움이 많고 상당한 식견을 가진 흑인들은 그런 현실에 너무나 화가 나고 슬퍼 견디기 힘들어지면 교회로 달려가서 목사에게 하소연하기도 했다. 그러면 목사는 "원수를 사랑해야 한다는 주님의 말씀이 있으니, 참고 살 수밖에 없다"라고 대답해주었다. 이 한마디는 흑인들의 고통에 대한 그 시대의 대답이었다. 그들은 이러한 고통을 노래로 표현했고, 그렇게 해서 흑인영가[*]가 탄생했다.

> 그 누가 나의 괴로움을 알고
> 또 누가 나의 슬픔을 알랴
> 주밖에 누가 알아주랴
> 이 괴로움과 이 슬픔을

하나님만이 자기들의 고통을 알고 자신들을 보호해줄 것이라는 신앙에 의지해 고난을 이기려고 애썼던 것이다. 이런 비운의 역사는 마틴 루터 킹의 시대까지 계속되어 왔다.

1900년대가 된 후 흑인들 사이에서 "우리도 백인들과 조금도 다를 것이 없다"고 부르짖는 사람들이 있었다. 남부 기독교 지도자 회의를 결성하고 그 조직을 통하여 법정에서 인종차별법에 대항하는 사람들이었다.

한편 어떤 흑인들은 흑인이 백인의 지식과 우월성을 따라갈 수는 없다면서 자신들의 처지를 증오하기도 했는데, 마틴 루터 킹의 할아

---

[*] **흑인영가** 노예로 끌려온 미국의 흑인들이 부르기 시작한 노래인데, 종교적·민속적 성격의 가사로 이루어진다. 흑인 특유의 리듬이 담겨 있다.

버지인 제임스 앨버트 킹이 그 대표적인 사람이었다.

제임스 킹은 애틀랜타 시에서 좀 떨어져 있는 작은 마을에서 소작인 노릇을 하면서 살았다. 남북전쟁 이후로 흑인들은 법적으로 자유인이 되었지만 소유한 재산이 없었으므로 소작인이 될 수밖에 없었다. 당시에는 많은 소작인들이 지주로부터 억울한 대접을 받았는데, 제임스 킹 역시 글을 몰라 매번 주인에게 속았다. 나중에 주인의 속임수에 넘어갔음을 알게 되었을 때는 그 분노와 증오심을 풀길이 없어, 술을 연거푸 들이키면서 죄 없는 아내를 구타했다.

제임스 킹과 그의 아내 딜리아 린지 사이에는 10명의 자녀가 있었고, 그중 둘째 아이이자 맏아들이었던 마이클이 훗날 마틴 루터 킹의 아버지다. 정확히 말하면, 아버지 킹 목사는 마틴 루터 킹 1세이고, 우리가 흔히 마틴 루터 킹 목사라고 부르는 이는 마틴 루터 킹 주니어, 곧 마틴 루터 킹 2세다. 원래 아버지 킹 목사의 이름은 마이클이었는데 아들이 태어난 후에 이름을 마틴으로 바꾸었다.

마틴 루터 킹 1세는 상당히 머리가 뛰어났다. 그리고 개척정신이 강한 사람이기도 했다. 그는 돼지를 사육하면서 그것을 팔아 자기의 학비에 썼고, 나머지는 가족의 생활을 위하여 보탤 정도로 자립심이 강했다. 그는 언제나 열심히 일하는 아버지를 보면서 자랐다.

어느 날 그는 아버지와 함께 추수한 목화를 마차에 싣고 주인의 집에까지 따라갔다가 그때서야 자기 아버지가 그렇게 일을 열심히 해도 돈을 벌지 못하는 까닭을 알게 되었다. 거기서 그는 주인이 목화의 수량과 갚아야 할 빚의 액수를 속이는 것을 보았다.

"아버지, 목화 수량과 빚 액수가 틀렸잖아요."

그러자 주인이 두 눈을 부릅뜨면서 소리쳤다.

"이 건방진 놈이 뭐라는 거야? 어른들 이야기에 끼어들라고 네 입이 뚫려 있는 줄 아니? 어서 썩 꺼지지 못해?"

일이 이렇게 되자 제임스 킹은 아들을 나무라고는 주인에게 빌면서 말했다.

"잘못했습니다. 죄송합니다. 주인님, 한 번만 용서해주십시오. 이놈을 집으로 데리고 가서 다시는 그러지 못하도록 혼쭐을 내겠습니다."

아버지의 모습을 보고 마틴 루터 킹 1세는 아무 말도 할 수 없었다.

마틴 루터 킹 1세는 특별한 기술이 없었지만 16세가 되었을 때에 어떤 확신과 용기를 가지고 애틀랜타로 갔다. 그리고 고생 끝에 기계를 다루는 보조 공원에 취직하였고, 얼마 후에는 야간 학교를 다닐 수 있었다. 혼자서 자기의 길을 개척해갔던 것이다.

그는 고생 끝에 25세가 되어서야 고등학교를 졸업할 수 있었다. 이때부터 교회에 열심히 다니면서 설교를 통하여 더욱 많은 지식을 배워나갔으며, 얼마 후에는 작은 개척 교회에서 전도사로 일하면서 실력을 쌓아가기도 하였다.

그는 더 공부하고 싶은 갈망에 애틀랜타에 있는 모어하우스 대학에 입학하였다. 그리고 1926년에는 그의 일생에 최대의 행복이었던 결혼을 했다. 신부는 흑인들의 선구자와도 같은 윌리엄스 목사의 딸이었다.

윌리엄스 목사는 미국에서 최초로 흑인으로서 목사 안수를 받은 사람이었고, 에버니저 침례교회의 담임목사로 일하면서 흑인들의 지위 향상을 위하여 투쟁했던 대표적인 인물이었다.

1931년에 윌리엄스 목사가 세상을 떠나자 사위인 마틴 루터 킹 1세가 그의 뒤를 이어 에버니저 침례교회에서 목회를 하게 되었다. 그리고 이런 이유로 그는 애틀랜타 시에서 인종차별을 반대하는 지도자 역할까지 감당해야 했다.

처음으로 받은 충격

마틴 루터 킹 2세는 유복한 환경 가운데서 무럭무럭 자라났다. 아버지가 흑인으로 태어난 아들의 숙명에 대해 고민하고 슬퍼하는 것과는 상관없이, 그는 행복하게 성장해갔다. 아직은 자기 자신의 처지와 환경을 알기에는 이른 나이였다. 마틴은 몸이 몹시 가냘픈 데다가 키가 작았는데, 그런 몸집에 어울리지 않게 귀가 유난히 컸다.

에버니저 침례교회에는 주일날이면 흑인 신자들이 교회 가득 모여들었다. 마틴은 예배 시간이면 어른들 사이에서 아이답지 않은 큰 목소리로 찬송을 따라 부르곤 하였다.

주님을 닮기 원하네
주님을 닮기 원하네

나는 날마다 날마다
주님을 닮기 원하네

이 찬송은 어린 마틴이 가장 즐겨 부르는 찬송 중 하나였다. 마틴이 숨을 고르게 들이쉬면서 높은 음성으로 찬송을 부르는 모습은 마치 꼬마 천사처럼 보였다. 그래서 노래가 한 소절씩 끝날 때마다 듣고 있던 사람들은 그를 쓰다듬으며 "아멘" 하고 화답해주곤 하였다.

마틴은 찬송을 부르는 일을 좋아했을 뿐만 아니라 강단 위에서 아버지가 들려주는 설교에도 곧잘 귀를 기울였다. 물론 어린 마틴이 그 설교의 의미를 모두 알아듣는다고 생각할 수는 없었지만, 그래도 정확한 발음으로 바르게 전해지는 설교가 성도들에게 감동을 불러일으키고 있다는 것을 알아차리는 것처럼 보였다.

어느 주일날, 어린 마틴은 여느 때처럼 에버니저 침례교회에서 아버지가 설교하는 모습을 지켜보면서 어른들과 함께 예배를 드리고 있었다. 이때도 아버지의 설교에는 힘이 있었고, 교인들은 이를 들으면서 감동을 받아 확신에 찬 표정을 지었다. 어린 마틴은 이런 모습을 보면서 아이답지 않은 생각을 하고 있었다.

'나도 아버지처럼 훌륭한 설교자가 되고 싶어. 감동적인 말을 해서 사람들을 즐겁게 만든다는 것은 정말 신나는 일일 거야.'

깊은 생각과 뛰어난 말솜씨에는 사람들을 감동시키는 힘이 있다는 사실을 벌써부터 알아가기 시작했던 것이다.

그 무렵 마틴의 아버지 마틴 루터 킹 1세는 남부 기독교 지도자 회의에서 유력한 인사였다. 그는 애틀랜타 시에서 흑인 교사들도 백인 교사들과 똑같이 정당한 보수를 받아야 한다는 투쟁을 벌이고 있었다. 그러다보니 그는 백인 테러 단체의 암살 대상이 되었고, 이 때문에 오번 가에 있는 그의 집에는 협박 전화와 욕설을 퍼붓는 전화가 수없이 걸려오기도 하였다.

상황이 이렇게 되자 강직한 성격인 킹 목사는 더욱 힘차고 강한 어조로 설교하기 시작하였다. 그런데 이런 그의 설교가 뜻밖에도 어린 아들에게 장차 훌륭한 연설가가 되고 싶다는 꿈을 키워주고 있었던 것이다. 바른 지식과 정의와 사랑과 용기가 바탕이 된 말은 인간의 삶을 변화시킬 수 있다. 이는 어린 마틴의 모습에서 잘 나타난다.

어느 날 마틴이 어머니에게 불쑥 입을 열었다.

"어머니."

"왜 그러니?"

"조금만 기다리세요."

"기다리라니, 그게 무슨 말이야?"

"나도 얼마 후에는 훌륭한 연설가가 될 거니까 말이에요."

"아하! 너도 아버지처럼 많은 사람들 앞에서 감동적인 말을 하고 싶은 거로구나."

"그럼요. 아니, 나는 아버지보다도 더 훌륭한 사람이 될 거예요."

"정말 멋진 생각이구나. 꼭 그렇게 되길 바란다."

어머니는 어린 아들의 말이 너무나 대견스러웠다.

마틴은 겨우 다섯 살인데도 혼자서 공부하는 것을 좋아했다. 누나 크리스틴이 초등학교에 다니게 되자 마틴은 자기도 학교에 가고 싶다고 고집을 부렸다. 어찌나 고집이 센지, 킹 목사 부부는 어쩔 수 없이 마틴을 여섯 살이라 속이고 학교에 입학시켰다. 그런데 어른들이 자기를 위해 거짓말을 했는지도 모르고 친구들에게 다섯 번째 생일 이야기를 하다가 나이를 속인 것을 들키고 말았다. 그래서 계속 학교를 다니지 못하고, 다음 해 여섯 살이 된 후에야 정식으로 입학할 수 있었다.

마틴은 비록 어렸지만 장차 위대한 연설가가 되겠다는 꿈을 꾸며 제법 어른스러운 긍지를 가지고 있었다. 그런데 여섯 살이 되었을 때 그만 그런 긍지가 산산이 부서지는 상처를 받았다. 흑인라는 이유 때문이었다. 그때까지만 해도 마틴은 백인과 흑인의 차이를 몰라서 누구와도 잘 어울려 놀았다. 그러다가 슬픈 일을 당하고 말았다.

애틀랜타 오번 가에 있는 마틴의 집 앞에는 벽돌집으로 된 잡화상점 하나가 있었는데, 그 집에는 짐과 피터라고 불리는 금발의 작은 개구쟁이들이 살고 있었다. 마틴은 날마다 이들과 어울려 놀며 사이좋게 지냈다.

학교에 입학하기 전까지만 해도 마틴은 아침 식사만 마치면 누나 크리스틴과 함께 곧장 밖으로 뛰쳐나갔고, 잡화상점을 향하여 크게 소리 질렀다.

"짐, 피터, 어서 나와!"

그러면 상점 안에서는 "그래, 잠깐만 기다려" 하는 대답과 함께 두 개구쟁이가 총알처럼 뛰어나오곤 하였다.

그들은 으레 '인디언들의 빈터'라고 부르는 곳까지 앞서거니 뒤서거니 하며 달리기를 했다. 엉겅퀴와 잡초로 뒤덮인 빈터는 놀이터로 안성맞춤이었다. 한참 신나게 놀다가 정오의 사이렌 소리가 울리면, 아이들은 얼굴에 흐르는 땀을 손등으로 문지르면서 각각 자기집을 향하여 발길을 옮겼다. 그들은 서로 다른 피부색을 의식하지 않고 함께 놀았다.

그런데 마틴이 학교에 입학하면서부터 서서히 다른 길을 가기 시작했다. 마틴은 누나와 같은 학교에 갔는데 짐과 피터는 다른 학교에 다녔다. 이웃집인데도 다른 학교에 다닌다는 것이 어린 마틴으로서는 이해할 수 없었다. 사실 마틴과 크리스틴은 흑인을 위한 학교에 다녔고, 짐과 피터는 백인을 위한 학교에 다녔던 것이다. 그 사실을 모르는 마틴은, 학교는 다르지만 여전히 이전처럼 함께 놀려고 했다.

학교를 다녀온 마틴은 이날도 여느 때와 같이 점심을 먹고 나서 잡화상점으로 뛰어갔다.

"짐, 피터, 나 왔어!"

"응, 나간다. 잠깐 기다려."

상점의 개구쟁이들도 학교에서 돌아와 막 점심을 먹고 난 참이었다.

바로 그때였다. 짐과 피터의 어머니가 가게 안에서 나오더니, 갑자기 호통을 치기 시작했다.

"이제 너는 우리 짐과 피터와는 놀 수 없어. 그러니 어서 썩 꺼져."

"네?"

"뭘 처다보고 서 있니, 빨리 돌아가지 않고."

"왜 함께 놀 수 없어요?"

"놀지 말라면 놀지 말아야지, 왜 물어?"

"하지만 함께 놀고 싶은 걸요."

"한번 안 된다면 안 되는 줄 알아야지. 어디서 자꾸 말대꾸야?"

"왜 안 되는데요? 제가 무슨 잘못이라도 했나요?"

"너는 검둥이잖아!"

백인들은 흑인들을 얕잡아서 '검둥이'라고 불렀다. 마틴은 머리를 한 대 얻어맞은 것 같았다. "검둥이잖아!"라는 이 한마디가 어린 마틴의 가슴에 평생 지울 수 없는 상처가 되었다.

상점의 아주머니는 이어 밖으로 뛰쳐나온 자기 아이들에게 단단히 경계시켰다.

"짐, 피터! 이젠 저 검둥이와 놀아서는 안 돼. 너희도 어엿한 학생이 되었으니까. 알겠니?"

짐과 피터는 엄마의 꾸짖음에 쭈뼛거리며 집으로 들어갔다. 마틴은 난생처음 당하는 일이라 뭐가 뭔지 알 수 없었다. 그래서 한참 동안 멍하니 서 있었다.

'도대체 내가 뭘 잘못했지? 흑인은 친구들과 어울려 노는 것도 잘못인 거야?'

마틴은 자기가 검둥이라서 친구들과 함께 놀 수 없다는 말을 이

해할 수가 없었다. 힘없이 집으로 돌아오자마자 마틴은 어머니부터 찾았다.

"어머니!"

"마틴, 너 표정이 왜 그러니? 기운이 없어 보이는구나. 무슨 일 있었어?"

"엄마, 흑인은 나쁜 사람이에요?"

"그게 무슨 말이야? 도대체 그런 말을 어디서 들었니?"

"방금 전에 앞집 상점 아주머니가요…."

"짐과 피터네 엄마 말이니?"

"네…. 나더러 검둥이라면서 이제 짐과 피터와는 놀 수 없다고 내쫓았어요."

알 수 없는 서러움이 몰려왔고, 피부색이 다르다는 이유로 납득할 수 없는 차별을 받은 것이 못내 슬펐던 마틴이 울음을 터뜨렸다. 어머니 앨버타는 마틴이 어떤 일을 겪었는지 충분히 짐작할 수 있었다. 동시에 가슴이 찢어지는 듯한 아픔을 느꼈다.

앨버타는 아무런 대꾸 없이 아들을 꼭 안아주었다. 앨버타도 흐르는 눈물을 주체할 수 없었다. 흑인들에 대한 차별의 칼날이 이제 어린 아들에게까지도 날아왔구나 싶어, 마음속에서 억울함과 슬픔이 교차했다.

이윽고 앨버타가 입을 열었다.

"마틴, 네 마음이 어떠했을지 알겠다. 그러나 이런 일로 네가 백인 아이들보다 착하지 않다고 생각해서는 안 돼. 너는 백인 아이들보다 못하지도 않고 나쁘지도 않아. 하늘에 계시는 주님도 다 알고 계신단다."

"그렇다면 상점 아주머니는 왜 나를 쫓아냈어요?"

앨버타는 마틴에게 백인들의 인종차별 정책을 간단하게 설명해줄 수밖에 없었다. 이유도 모르고 차별을 당하는 것보다 왜 그런지 아는 것이 마틴에게 나을 것 같았기 때문이다. 백인들은 단지 피부가 다르다는 이유만으로 흑인들을 멸시하고 천대한다는 것, 그래서 백인들은 어릴 적부터 자기 아이들에게 흑인들과 어울리지 못하도록 한다는 것, 이 때문에 그동안 흑인들은 억울한 눈물을 흘려왔다는 것, 그래도 하나님은 다 알고 계시기 때문에 흑인들을 더욱 보호하신다는 것, 아버지도 하나님의 일꾼으로서 흑인들의 권리를 위하여 싸우고 있다는 것 등을 이야기해주었다.

"마틴, 용기를 잃어서는 안 된다. 그럴수록 너는 더 바른 사람이 되려고 노력해야 해."

이런 이야기를 해주어야 하는 사실에 앨버타는 무척 괴로웠다. 그러나 언제까지나 현실을 외면한 채 마틴에게 얼버무릴 수도 없는 일이었다.

1930년대 초 미국에서는 경제 대공황이 일어나서 수많은 실업자가 생겨났고, 이 때문에 굶어 죽는 사람도 굉장히 많았다. 그러나 마틴의 집은 여유가 있어서 언제나 식탁 위에 고기가 올라왔고, 주일날 오후면 온 가족이 야유회도 즐겼다.

마틴의 집에서 아버지의 말은 힘이 있었다. 어떤 일을 마지막으로 결정하는 것도 아버지였다. 이는 아버지의 말이 엄격해서가 아니라 그만큼 가족에 대한 아버지의 애정이 깊었고, 그래서 온 가족에게 신뢰감을 안겨주었기 때문이다.

마틴은 어려서부터 인내와 정직과 절약 정신과 질서 의식과 예의범절 등을 배웠다. 아버지로부터 인성교육을 받았던 것이다.

마틴이 학교를 다니고 있을 때 남동생 알프레드 대니얼 킹이 태어났는데, 그도 나중에는 목사가 되었다.

아버지는 언제나 세 자녀에게 성경 구절을 외우라고 했다. 외운 성경 구절은 반드시 저녁 식탁에서 암송하게 하였다. 또한 온 가족이 기도로 하루의 일과를 시작하였고 기도로 일과를 마쳤다. 자녀들을 위한 신앙교육도 철저했던 것이다.

그리고 아이들에게 벌을 주는 방법도 매우 특이했다. 형제 가운데서 누가 누군가에게 잘못을 하면 대개는 부모가 매를 들게 마련인데, 킹 목사는 그렇게 하지 않았다. 자기가 매를 맞을 잘못을 했다고 솔직하게 인정하면 그 피해를 당한 사람이 매를 들어 직접 때리게 했다. 만약 누나가 마틴에게 잘못을 저질렀으면 아무리 동생이더라도 누나를 때릴 수가 있었다.

마틴은 동생인 알프레드의 벌은 절대로 면제해주지 않았지만 누나를 매로 때리지는 않았다. 그는 어려서부터 자신의 위치에서 올바른 정의감을 발휘할 줄 알았던 것이다.

커져가는 증오심

마틴은 공부에서도 남에게 뒤지기 싫어했지만 운동에서는 더욱 지기 싫어했다. 그는 아이들과 어울려 놀기 위하여 자기 집 벽 위에 농구골대를 만들었고, 뒤뜰로 이어지는 넓은 평지에는 야구장을 만들었다.

마틴이 또래의 아이들과 더불어 운동하는 모습은 운동경기가 아니라 마치 싸움을 하는 것처럼 보였다. 어떤 운동에서나 상대편을 쓰러뜨리기 위해 억척스럽게 덤벼들었기 때문이다. 마틴은 그 어떤 일이든지 자신감을 가지고 적극적으로 임했다.

마틴은 일찍부터 연설가가 되겠다는 꿈을 가졌던 만큼 말을 할 때 논리가 정연했고 설득력이 뛰어났다. 무슨 일이 있을 때면 논리 있는 말로 대꾸하며 상대했다. 하지만 상대방이 억지를 부려서 설득력 있는 말도 통하지 않을 때는 화를 내기도 했다.

어느 날 학교에서 돌아오던 길에 평소 문제아로 손꼽히던 블랙 빌리와 말다툼이 벌어졌다. 한참 동안 말다툼을 하던 중 블랙 빌리가 먼저 마틴을 향해 주먹을 휘두르기 시작하였다.

"이 자식이! 입 다물지 못해?"

"…"

그런데 마틴은 아무런 방어도 하지 않은 채 그대로 서서 얻어맞고만 있었다. 그렇다고 해서 겁에 질리거나 화가 난 것처럼 보이지는 않았다.

이때 불쑥 두 팔을 걷어붙이고 한 아이가 앞으로 나섰다. 마틴의 동생인 알프레드였다. 그가 형이 맞는 것을 보고 끼어든 것이다.

"형! 왜 맞고만 있어? 형도 싸움 잘하고 힘도 세잖아!"

그러자 마틴은 끼어든 동생을 막으면서 소리쳤다.

"그만둬. 그럴 필요 없어."

알프레드는 형이 블랙 빌리한테 얻어맞기만 한 게 이해가 되지 않았다. 집으로 돌아오는 길에 알프레드가 불만이 가득한 얼굴로 투덜거렸다.

"형은 정말 바보야!"

"왜 내가 바보인데?"

"힘이 센데도 맞기만 했잖아."

마틴은 빙그레 웃으며 대답했다.

"하지만 옳지 못한 일에 주먹을 쓰는 건 나쁜 일이야. 그런 일에 덤벼들면 도리어 내가 바보가 되는 거라고. 너도 명심해둬."

마틴 루터 킹 하면 '비폭력 인권운동가'라는 말이 떠오른다. 물론 그의 비폭력정신은 간디의 영향을 많이 받은 것이지만, 그는 어릴 때부터 폭력보다 평화를 사랑하는 마음과 신념이 있었다.

짐과 피터의 어머니로부터 충격적인 말을 듣고 난 후 그 일을 어느 정도 잊어가고 있던 무렵, 마틴은 그 아픔이 되살아나는 일을 또 다시 만났다. 여덟 살 때의 일이다.

아버지가 사역하던 에버니저 침례교회 안에는 큰 나팔이 달린 전축이 하나 있었다. 마틴은 매일 저녁이면 흑인영가가 크게 울려 나오는 그 전축을 매우 좋아했다. 흑인영가를 좋아하는 사람은 마틴만이 아니었다. 아버지와 어머니도 마찬가지로 흑인영가를 좋아했다. 마틴의 가족은 여러 가수 가운데에서도 베시 스미스가 부르는 노래를 즐겨 들었다.

베시 스미스는 당시 흑인 가수 중에서도 가장 뛰어난 사람이었다. 그의 음성은 포근하면서도 정열적이었고, 어느 순간에는 마치 종달새처럼 애절한 소리를 내는 특이하고도 훌륭한 음성을 지닌 가수였다.

나는 어떤 강을 알고 있지
이 세상에서 가장 오래된 강을
링컨이 언덕의 노래를 들으면서
뉴올리언즈까지 내려왔던

바로 그 강을 나는 알고 있어

그래서 나는 그 강가에다

나의 집을 지었지, 콩고의 집을

꿈속에서 내 영혼이 쉬도록

나는 그 강가에다 집을 지었지

베시 스미스가 부른 노래의 가사는 많은 흑인들의 가슴을 울렸다.
그런데 어느 날 아버지가 몹시 긴장된 얼굴로 집으로 들어섰다.

"아버지, 무슨 일 있어요?"

"그래, 어떻게 보면 일이 생긴 거지. 참으로 기가 막힌 일이."

"도대체 무슨 일인데 그러시는 거예요?"

"베시 스미스가 죽고 말았다는구나."

"네? 베시 스미스가요? 왜요?"

"얼마든지 살릴 수도 있었다는데, 흑인이기 때문에…."

베시 스미스가 자동차 사고를 당하여 중상을 입고 그 즉시 구급차
를 불러 가까운 병원으로 달려갔지만, 그곳이 백인 전용 병원이라면
서 베시를 받아주지 않았다는 것이다. 그래서 구급차가 베시를 태우
고 흑인도 치료받을 수 있는 병원을 찾아 돌아다니는 사이에 그가
구급차 안에서 세상을 떠나고 말았다는 것이다.

그 이야기를 들은 마틴은 눈물을 뚝뚝 흘렸다.

"베시 스미스는 백인들이 죽인 것과 똑같아요."

그날 저녁 마틴의 가족은 죽은 베시 스미스와 이런 억울한 학대를
당하고 있는 흑인 형제들을 위해서 기도했다. 또한 오랫동안 불공평

하게 자기들을 차별해온 무자비한 백인들을 위해서도 기도했다.

기도를 마치고 나자 마틴이 입을 열었다.

"아버지."

"왜 그러니?"

"저는 꼭 훌륭한 사람이 되겠어요."

"…."

"흑인들이 이런 대우를 받는 것은 너무 불공평하고 억울한 일이에요."

"…."

"나는 우리 흑인 형제들에게 자유를 찾아주고 싶어요."

"정말 대견하구나. 하지만 그전에 네가 꼭 알아둘 것이 있단다."

"뭔데요?"

"그런 일은 하루아침에 되는 게 아니야. 꾸준히 힘을 길러가야만 이룰 수 있는 일이지. 그러기 위해서 지금 네가 먼저 할 일은 공부를 열심히 하는 거란다."

"알겠어요, 아버지."

베시 스미스의 죽음은 마틴에게 큰 충격을 주었고, 그가 흑인들의 인권을 위해 해방운동을 일으키는 데 큰 동기가 되었다.

백인들의 차별 대우는 계속해서 흑인들의 마음에 아픔과 상처를 가져다주었다. 마틴이 조금씩 성장하면서 이런 부조리한 일들을 보고 듣는 일도 늘어났다. 현실을 조금씩 알아가게 되었기 때문이고, 동시에 마틴도 그런 차별 속에서 생활하고 있었기 때문이다.

마틴이 구두를 사기 위해 아버지와 함께 애틀랜타 상점 거리에 있는 큰 가게 안으로 들어갔다. 두 사람은 한참을 두리번거리다가 구두가 진열된 곳 옆에 손님들을 위해 마련해놓은 의자에 앉았다.

그때였다. 백인 점원이 두 사람 곁으로 다가오더니 퉁명스럽게 말했다.

"어서 일어나요."

"왜요? 우리는 구두를 사러 왔습니다."

"글쎄 잔말 말고 일어서라고요. 저 뒤쪽에 흑인 전용 구역이 있으니 그리로 가요."

"여기서 사면 안 되는 까닭이라도 있습니까?"

"그걸 몰라서 물어요? 어쨌든 여기서는 당신들을 상대할 수 없어요…."

점원의 말을 듣고 나서 킹 목사는 목소리를 높였다.

"이것 봐요, 똑똑히 들어둬요. 나에게는 이 의자에 앉을 수 있는 권리가 얼마든지 있고, 여기서 구두를 살 수 있는 권리도 있습니다. 물론 여기에서 구두를 사지 않을 권리도 있지요!"

그러고는 킹 목사는 마틴의 손을 잡고 가게를 나왔다. 거리로 나온 킹 목사가 마틴에게 말했다.

"참으로 견디기 힘들구나. 하지만 나는 절대로 꺾이지 않을 테다. 내가 죽는 그 순간까지도 말이야! 마틴, 잘 봐두거라. 백인이 우리의 적이 아니라 저런 불의가 우리의 적인 거야."

"…."

마틴은 아버지의 말에 대꾸할 수 없었다. 그러나 아버지 눈빛에

서린 불의에 대한 증오심은 충분히 읽을 수 있었다.

마틴 루터 킹 1세의 말은 에버니저 침례교회와 그의 가정 안에서 그대로 법이 되었다. 그러나 그처럼 권위 있는 아버지도 흑인 차별이라는 장벽 앞에서는 나약해질 수밖에 없었다.

~~~

어느 해 학년 말에 이르러, 담임선생님은 모범 학생 다섯 명을 선발하여 메이컨으로 하루 동안 소풍을 다녀오기로 하였다. 그 가운데는 마틴도 끼어 있었다.

소풍은 정말 유쾌하고 즐거웠다. 그러나 메이컨에서 애틀랜타로 돌아오는 길에 곤혹스러운 일을 만났다. 즐겁게 마무리되어야 할 하루가 엉망이 되는 순간이었다.

선생님과 마틴을 포함한 학생들은 버스 안에서 즐거움에 겨워 손뼉을 치면서 노래를 부르기 시작하였다. 버스는 정류소에서 멈추어서서 사람들을 태웠는데, 백인 몇 사람이 버스 안으로 올라섰다. 그런데 그때 버스 안에는 빈자리가 하나도 없었다. 이것이 문제의 발단이었다.

그 상황을 본 버스 운전기사가 자리에서 일어나더니 마틴 일행에게 이렇게 소리쳤다.

"자리가 없으니까 흑인 아이들은 얼른 일어나서 백인에게 자리를 내어줘라."

이런 일은 당시 미국 남부 지방 어디에서나 흔히 볼 수 있는 광경

이었다. 운전기사의 명령이 떨어지자 선생님과 함께 다른 네 명의 흑인 아이들은 곧장 일어나서 자리를 내어주었다. 그러나 마틴은 자기 자리에 버티고 앉아 있었다. 어느새 그의 두 눈이 빨갛게 충혈되어 있었다.

마틴이 자리에서 일어나지 않자 운전기사는 마틴에게 아까보다 더 큰 목소리로 소리쳤다.

"저 검둥이는 뭐야. 빨리 일어서지 못해!"

하지만 마틴은 꼼짝도 하지 않고 운전기사를 뚫어져라 쳐다보기만 하였다. 그의 눈은 '도대체 이런 법이 어디 있느냐'고 말하는 것 같았다.

운전기사는 더 이상 참지 못하고 벌떡 일어나서 마틴을 향해 욕을 하기 시작했다.

"이 개만도 못한 검둥이 녀석아! 내 말이 안 들려? 당장 일어나지 않으면 다리몽둥이를 분질러 놓을 테다!"

그러고는 진짜로 마틴의 팔다리를 부러뜨릴 기세로 마틴에게 다가왔다. 이 모습을 본 선생님은 어쩔 줄 몰라하며 마틴의 손을 잡아 끌었다.

"마틴, 이건 법이란다. 네 마음에 들고 안 들고의 문제가 아니야. 그러니 얼른 일어나렴."

운전기사가 마틴에게 폭력이라도 휘두를 것이 분명했기 때문에 선생님은 마틴을 서둘러 일으켜 세웠다. 배짱을 부리던 마틴도 선생님의 말에 자리를 내어줄 수밖에 없었다.

훗날에 그는 이때의 일을 회상하면서 다음과 같이 기록하였다.

우리는 백인들에게 자리를 내어주고 나서 애틀랜타에 도착할 때까지 꼬박 90분 동안이나 버스 안에서 서 있어야 했다. 나는 그때만큼 마음이 아팠던 적이 없고, 백인들에 대하여 분노와 증오심이 불탔던 적도 없다.

위대한 꿈

1941년 12월 7일, 일본군이 진주만을 대거 폭격하여 미국의 군함들을 침몰시키는 사건이 발생하였다. 이 것은 제2차 세계대전에 들어가는 신호탄이었다.

바로 그해 마틴은 열두 살이 되었고, 초등학교를 졸업하고 가까운 중고등학교에 입학하였다. 그러나 그 학교가 폐교되는 바람에 2년 만 다니고 나서 다른 학교로 전학해야 했다.

그 무렵에 마틴은 처음으로 가족을 잃는 큰 슬픔을 맛보아야만 했다. 그를 무척이나 사랑해주시던 외할머니가 갑작스레 세상을 떠난 것이다. 외할머니는 킹 목사의 집에서 딸과 사위, 그들의 자녀들과 함께 살고 있었다. 그런데 에버니저 침례교회 안에서 열린 여신도의 날에 기념 연설을 하다가 갑자기 심장마비를 일으켜 숨을 거두고 말 았다.

그때 마틴은 거리에서 기념 퍼레이드를 구경하고 있다가 뒤늦게 그 소식을 들었다.

"뭐? 할머니가 돌아가셨다고?"

"그래, 방금 전에…. 얼른 가 봐."

"그럴 리 없어. 거짓말이지?"

"왜 이런 일로 거짓말을 하겠니?"

마틴은 온 힘을 다해 집으로 달려갔다. 그러면서도 할머니의 죽음이 도무지 믿어지지 않았다. 불과 1시간 전에 옷을 단정히 차려입고 교회당 안으로 들어가는 할머니의 모습을 자기의 두 눈으로 똑똑히 보았기 때문이다. 그러나 집에 도착했을 때 가족들 모두 흐느끼는 모습을 보는 순간, 믿고 싶지 않았던 할머니의 죽음을 사실로 받아들일 수밖에 없었다.

마틴은 곧장 할머니의 시신이 뉘여 있는 방 안으로 뛰어 들어갔다. 반듯하게 누운 모습은 마치 깊이 잠든 것처럼 보였다. 마틴은 넋을 잃고 할머니를 바라보다가 할머니의 몸을 붙들고 흔들면서 소리쳤다.

"할머니, 마틴이에요. 제가 왔어요. 저 좀 보세요!"

여느 때 같으면 함빡 웃으면서 덥석 안아주었을 텐데 할머니는 가만히 누워 있기만 했다. 마틴은 찢어지는 듯한 울음을 터뜨렸다. 가족의 죽음을 처음으로 경험하다보니 그 충격과 슬픔이 너무나도 컸다.

"으흐흑, 할머니, 할머니!"

큰 소리로 불러도 할머니는 여전히 반응이 없었다.

'할머니가 숨을 거둔 그 시간에 나는 퍼레이드 구경이나 하고 있

었다니….'

생각이 여기에 미치자 이번에는 자신이 원망스러웠다. 마틴은 갑자기 벌떡 일어나 2층으로 뛰어 올라갔다. 사람들은 마틴이 슬퍼서 울며 뛰어가는 거라고 생각했다. 그런데 마틴이 갑자기 베란다로 가더니 거기에서 뛰어내렸다. 그의 몸이 공중으로 날아오르더니 이내 땅바닥으로 떨어졌다.

"마틴이 2층에서 떨어졌어!"

"죽은 거 아니야?"

"할머니에 이어 마틴까지? 안 돼!"

사람들이 마틴 주위로 모여들었다. 감수성이 예민한 마틴은 슬픔이 컸기도 했지만, 할머니가 돌아가시는 순간에 자기는 퍼레이드 구경에 정신이 팔려 있었다는 죄책감 때문에 이런 일을 저지른 것이다.

사람들은 땅바닥으로 떨어진 마틴을 흔들어보았지만 정신을 차리지 못했다. 다행히 목숨에는 지장이 없는 것 같았다. 마틴은 한참 후에야 정신을 차리고 자신이 잘못된 행동을 했다는 것을 깨달았다.

외할머니의 장례식이 끝난 후, 아버지는 이사하기 위해 다른 집을 찾아다니기 시작했다. 함께 살던 할머니가 계속 생각나서 가족들이 슬픔에서 헤어나오지 못한다고 생각했기 때문이다.

얼마 후 킹 목사네는 오번 가에서 세 구역쯤 떨어진 곳으로 이사했다. 이전의 집은 목조건물이었는데 이사한 집은 벽돌집으로 더 튼튼했으며, 주변 환경도 더 나은 주택가에 위치해 있었다.

마틴은 새로 이사한 벽돌집에서 10대의 시절을 보냈다. 담장 뒤에 숨어서 담배를 몰래 피우기 시작한 것도 이때부터였고, 아직 소년이면서도 어른들처럼 세상일들을 걱정하기 시작한 것도 이때부터였다.

마틴은 10대가 되어서는 외모에도 제법 신경을 썼다. 아침 등교 시간이면 으레 거울을 보면서 몸단장하기를 잊지 않았다. 가끔씩 누나의 친구들이 집으로 찾아오기도 했는데, 그럴 때면 어떻게 해서든지 그들의 시선을 끌어보려고 관심을 기울이기도 했다.

어린아이에서 청소년으로 성장하면서도 장차 연설가가 되어 많은 청중을 사로잡겠다는 마틴의 꿈은 변함이 없었다. 그는 꿈을 이루기 위해 큰 거울을 보며 꾸준히 연습했다. 다양한 손짓, 발짓을 하고 표정을 지어가며 연습을 하노라면 벌써부터 명연설가가 된 듯 뿌듯하기까지 했다. 이런 노력은 학교 졸업 전에 열린 교내 웅변대회에서 우승함으로 결실을 맺기도 했다.

마틴은 성장 과정 속에서 탁월한 리더십을 보였다. 어느 날 학교 안에서 댄스파티가 열릴 때였다. 그런데 어디에서 왔는지 모르는 백인 불량배들이 시비를 걸어왔다.

"멋진 신사들이 아니신가?"

"꾸며놓으니 검둥이도 그럴싸한걸."

"그렇게 흔들어대면 엉덩이가 어지럽지 않겠어? 이제 좀 쉬지 그래?"

그들은 춤을 추는 친구들에게 행패를 부리며 시비를 걸었고, 댄스 파티의 흥겹던 분위기는 금세 험악해졌다. 안 그래도 차별 대우에 마음이 상해 있던 데다 한참 충동적인 나이였기 때문이다. 하지만 만약 싸움이라도 나면 무조건 흑인들 잘못이라고 할 테고, 흑인들만 벌받을 것이 분명했다.

마틴은 얼른 나서서 패거리의 두목으로 보이는 백인을 붙잡고 설득하기 시작했다. 급박한 상황 속에서도 마틴은 이성을 잃지 않고 다정다감한 목소리로 조리 있게 말했다. 그러자 처음에는 우습다는 표정으로 이야기를 듣던 백인도 마침내 마틴의 설득에 넘어갔다. 아무리 단단한 얼음이라고 하더라도 햇볕에는 녹게 마련이듯 말이다.

백인 패거리들이 돌아가고 난 뒤에 댄스파티에 참가했던 친구들은 마틴을 칭찬했다.

"마틴의 말솜씨는 정말 대단해."

"다정한 목소리에 논리까지 갖춘 친구는 우리 학교 안에 마틴밖에 없을걸?"

"마틴은 분명히 유명한 연설가가 될 거야."

1944년이 되었을 때, 마틴은 여름방학을 이용해 여행과 아르바이트를 겸해서 북부 지방에 있는 담뱃잎 농장에 찾아갔다.

그는 북부 지방에 도착한 후 곧 남부 지방과는 분위기가 다르다는 것을 느꼈다. 기차에는 흑인, 백인의 자리가 따로 정해져 있지 않았고, 화장실도 공동으로 사용하게 되어 있었다.

'아, 여기는 흑인도 인간답게 살 수 있는 곳이구나.'

마틴은 동행한 친구들과 함께 하루도 쉬지 않고 뜨거운 태양 아래에서 담뱃잎을 땄다. 그리고 주말이 되면 시내로 나가서 식당, 극장, 도서관 등을 찾아다니면서 자유를 즐겼다.

하지만 얼마 후, 그는 북부에도 남부처럼 인종차별이 존재한다는 것을 알게 되었다. 비록 남부처럼 공공연하지는 않았지만 그 대신 흑인들에게는 여러 가지 제약이 주어져 있었다.

'이곳은 남부와 다를 줄 알았더니, 여기도 똑같구나. 단지 눈에 보이는 것과 보이지 않는 것의 차이가 있을 뿐….'

이런 사실을 알고 나자 마틴은 다시 한 번 울분이 치밀어올랐다. 똑같은 인간인데, 단지 피부색이 다르다는 이유로 어떤 사람은 자유를 누리고 어떤 사람은 그 자유를 누릴 수 없다니, 도저히 이해되지 않았다. 아니, 이해하고 싶지 않았다.

마틴은 인종차별의 현장을 목격하거나 본인이 직접 차별을 당할 때는 정말 참을 수 없을 만큼 분노가 끓어올랐다. 죽을 때 죽더라도 당장 무기를 들고 닥치는 대로 백인들을 죽이고 싶었다. 하지만 그런 방법으로 해결될 문제가 아니라는 사실 또한 너무나 잘 알고 있었다. 그래서 아무리 화가 나더라도 곧 이성을 되찾고 냉정하게 생각하려고 노력했다.

'지금은 일단 참아야 해. 하나님께서 언젠가는 기회를 주실 거야. 하지만 아무리 백인들이 강하게 행동한다고 하더라도 절대로 그들을 두려워해서는 안 돼. 아니, 정작 두려워해야 하는 건 우리가 아니라 백인들이야. 우리는 언제나 정의의 힘을 지니고 있으니까.'

그가 이성을 되찾는 데에는 아버지의 당부가 큰 도움과 힘이 되었다. 아버지는 늘 마틴에게 이렇게 말했다.

"너는 백인들과 조금도 다를 게 없다는 것을 명심해라. 너는 흑인인 동시에 당당한 자유인이야."

1944년 9월, 마틴은 애틀랜타 시에 있는 모어하우스 대학의 입학 시험에 합격하였다. 몇 해 전부터 이 시험에 대비하여 열심히 공부한 결과 12등이라는 좋은 성적으로 입학할 수 있었다. 모어하우스는 명문 흑인 대학이었다.

그달에 마틴은 모어하우스 대학교 안에 있는 대학교회에 참석하였다. 신입생을 위한 환영 예배가 열렸기 때문이다. 교회 안에는 500여 명이 앉을 수 있는 좌석이 갖추어져 있었고, 벽면에는 총장인 벤저민 메이스 박사의 초상화가 걸려 있었다.

마틴은 다른 신입생들과 함께 자리를 잡고 앉았다. 학생은 모두 205명이었는데 서로 이야기를 나누기에 바빴다. 그러는 사이에 학장과 교수들이 자리를 채웠다.

예배를 마치고 나자 메이스 박사는 신입생들의 입학을 환영하면서, 모어하우스 대학교 학생으로서 마땅히 갖추어야 할 정신 자세 등을 말해주었다. 그는 키가 컸고 회색을 띤 머리카락을 가진 흑인이었다.

그의 말은 간략하면서도 감동적이었다. 그중에서도 인상 깊은 한마디가 있었다.

"여러분은 담대하고 실력 있는 지도자가 되어야 합니다. 모어하우스 인은 그 누구도 실패할 줄을 모릅니다."

이어서 안내인들이 학교 전체를 소개해주었다. 교정은 작았는데, 건물들도 대부분 오래되었으며 거의가 야생 포도넝쿨로 덮여 있었다. 시내 전체가 내려다보일 정도로 높은 종탑이 돋보였다.

마틴은 전공으로 사회학을 선택했다. 그러나 그는 대학교에 입학하기 전부터 학교를 마치고 나면 신학교에서 계속 공부해서 목사가 되겠다는 꿈을 가지고 있었다.

사회학을 공부하는 동안 그는 무엇보다도 인종차별 정책에 대한 토론회에 참가할 수 있어서 좋았다. 모어하우스 대학교는 사립이어서 시의 재정 후원을 받지 않고 있었고, 정부로부터 독립된 학교였기 때문에 인종 문제를 다루기가 비교적 자유로웠다.

마틴은 대학교에 입학한 지 얼마 안 되어 여러 분야에 두각을 나타내기 시작했다. 성적이 좋은 우등생이었을 뿐만 아니라 교내 합창단의 단원이었으며, YMCA와 전미 흑인 지위향상협회의 지부원이 되었고, 또한 정계위원회의 학생 측 임원이 되기도 했다.

하지만 무엇보다도 그를 돋보이게 만든 것은 뛰어난 어휘 구사력과 웅변력이었다. 2학년 때는 시 대항 웅변대회에 참여하여 2등이라는 성적을 거두기도 하였다.

그는 또 대학연맹회의 임원이 되기도 하였다. 이들은 대학교 간의 친목을 도모하고 학생들의 공동 이익에 관한 문제들을 토의하였다. 마틴은 이 일을 통해 백인 학생들과 함께 어울리는 기회를 가질 수 있었다.

또한 이 모임을 통해 새로운 사실도 하나 발견했다. 젊은 백인들 가운데에서 흑인들의 입장을 옹호하는 이들도 상당히 많다는 것이다. 백인이라고 해서 모두 다 흑인들을 얕보고 짓밟으려 하지는 않는다는 사실을 알게 되었다.

"나는 내가 백인이라고 해서 흑인보다 더 우월한 존재라고 생각하지 않아."

"생각해봐. 짓밟는 자와 짓밟히는 자 중에서 어느 편이 더 나쁜가 말이야."

"인종차별 정책이 없어지지 않는 한 결코 우리 미국은 바로 서지 못할 거야."

백인 학생들로부터 이런 말을 들을 때면 마틴은 정말 마음이 후련했다.

간디와의 정신적 만남

　　　　　　　모어하우스 대학교에서 공부하는 동안
마틴은 총장인 벤저민 메이스 박사의 인격적 영향을 많이 받았다. 메
이스 박사는 매우 지적이면서도 신앙이 돈독하였고 인격이 출중하
여, 그를 이상형으로 꼽고 따르려는 학생들에게 큰 귀감이 되었다.

　메이스 박사는 주로 설교를 통하여 학생들과 만났으나, 때로는 학
생들 개개인을 만나서 자기 설교 주제들을 가지고 질문을 던지며 탐
구정신을 불러일으켜 주기도 했다. 그렇기 때문에 그는 행정적인 총
장이라기보다는 자상한 스승 같았다.

　이런 영향은 마틴 개인에게도 대단한 결정을 내리게 만들었다. 마
틴은 3학년 때에 목사가 되기로 결정을 했는데, 메이스 박사로부터
보이지 않는 감화를 받은 것이 그 결정에 큰 영향을 주었다.

　모어하우스 대학 시절에 마틴에게 영향을 준 또 한 사람이 있었

다. 같은 학년의 친구인 월터 맥콜이다.

어느 날 그는 마틴에게 이렇게 말하였다.

"나는 네가 꼭 신학을 공부하고 목사의 길을 갔으면 좋겠어."

"왜 그렇게 생각하는데?"

"너 같은 인재는 반드시 그만한 몫의 일을 해야 하기 때문이지."

"그렇다면 너는 무슨 일을 하고 싶은데?"

"난 가톨릭 신학교에 가서 사제가 되고 싶어."

"왜 하필 사제가 되려는 거야? 나보고는 개신교 목사가 되라며."

"우리가 흑인들을 위해서 일해야 한다는 사명은 똑같아. 그렇더라도 여러 분야에서 일해야 하지 않겠어? 우리 둘이 각각 다른 분야에서 함께 흑인을 위해 일하자는 거지. 나는 네가 힘을 내서 일을 해주기를 바라고 있어. 그러면 나도 용기를 얻고서 따라갈 테니까."

모어하우스 대학교에서 만난 두 사람 외에도 마틴의 결정에 큰 영향을 준 사람이 있었다. 바로 아버지 킹 목사였다. 아버지의 꾸준한 정신적 교육과 조언이 마틴으로 하여금 목사의 길을 가게 만들었다.

킹 목사는 아들 마틴이 장차 성직자의 길을 걷도록 그 누구보다도 일찍부터 간절히 바라던 사람이었다. 그 자신이 성직자로서 흑인들의 인권을 위해 투쟁하고 있었기 때문에, 아들도 자신을 이어서 그 일을 해주기를 희망했던 것이다.

마틴과 그의 누나 크리스틴은 아버지의 그런 교육에 대해 호의적이었다. 그러나 동생인 알프레드는 한참 동안 반항적인 태도를 보이며 대학 생활도 엉망으로 했다.

마틴은 언제나 아버지의 말을 주의 깊게 들었을 뿐만 아니라 그의미를 곧잘 자기의 생각과 비교하곤 했다. 그런 과정을 거치며 아버지와 아들의 생각은 점점 하나로 굳혀졌다. 그러다가 마틴이 3학년이 되던 해의 어느 날 드디어 아버지에게 자신의 결심을 말하였다.

"아버지, 결정했어요."

"무엇을 결정했다는 말이니?"

"저도 아버지처럼 목사가 되기로 결정했다고요. 아버지가 늘 그렇게 말씀하지 않으셨어요?"

"그게 정말이냐?"

"예. 그렇습니다."

아버지는 진지한 표정을 지으면서 대답했다.

"그게 내 희망이었는데 너 또한 그런 결심을 했다니 참으로 기쁘구나. 사람이 꿈을 이루기 위해서는 먼저 그 꿈에 대한 확신부터 가져야 하는 법이다. 알겠니?"

"예, 알겠습니다."

아버지는 무언가 잠시 생각하더니 이어 입을 열었다.

"네 말을 듣고 나니 갑자기 떠오르는 생각이 있구나."

"무슨 생각인데요?"

"오늘 밤 예배 시간에 너의 설교를 들어보고 싶은데, 어떠니?"

갑작스러운 제안에 마틴은 머릿속이 텅 빈 것처럼 멍해졌다.

"아버지, 그건 어려울 것 같아요. 학교를 졸업하지도 않았는데 어떻게 설교를 합니까?"

"아니야. 목사가 되겠다고 하니 시험 삼아 설교를 해보는 것도 좋은 경험이 될 거다. 그리고 너는 말솜씨가 뛰어나지 않니?"

웅변과 설교는 비슷한 부분이 많다. 웅변은 자기 주장이고 설교는 하나님의 말씀을 전하는 것이라는 데에서 차이가 있지만, 여러 사람 앞에서 말을 하여 감동을 준다는 것은 같다.

그날 밤 마틴은 아버지의 뜻대로 에버니저 침례교회에서 설교를 하게 되었다. 어린 나이에다 목사 안수를 받지도 않은 학생의 설교였지만 많은 성도들이 마틴의 설교를 칭찬해주었다.

누구보다도 마틴의 설교를 듣고 만족한 사람은 그의 아버지 킹 목사였다. 칭찬하는 말을 건네지는 않았지만 예배를 마친 후 아들의 어깨를 다독이며 만족스러움을 표현했다. 그러고 나서 조용히 하나님께 기도했다.

"하나님, 정말 감사합니다. 마틴을 우리 가정과 교회에서뿐만 아니라 우리 흑인들에게도 희망이 되는 사람으로 만들어주옵소서."

1948년 봄, 마틴은 졸업반이 되어서 대학교 학생회지에 〈교육의 목적〉이라는 논문을 발표하였다. 학생 개개인이 무엇을 교육받아야 할 것인지에 대한 그의 견해가 뚜렷하게 드러나 있는 글이었다. 내용은 다음과 같다.

참된 교육이란 그저 어떤 직업을 가지도록 기술을 가르치는 것이 아니요, 또한 단순히 어떤 직업에 대한 준비 과정도 아니다. 왜냐하면 교육이 교육답기 위해서는 거짓으로부터 진실을 가려내고 허위로부터 사실을 가려낼 수 있는 능력을 길러주어야 하기 때문이다. 교육이 논리적인 사고를 할 수 있도록 훈련시켜준다면, 예컨대 한 인종이 다른 어떤 인종보다 더 우월하다는 등의 모순을 절대로 인정하지 않을 것이다. 사람들의 최후의 목표는 다 같이 진리 추구를 하는 일에 있지 않겠는가.

마틴은 그해 6월에 모어하우스 대학교를 졸업하고 나서 이어 펜실베이니아 체스터 시에 있는 크로저 신학교에 장학생으로 입학하였다. 크로저 신학교는 성결교 교단에 속해 있었으며 개혁주의 신학을 수용하여 가르치고 있었다.

이 학교는 백인과 흑인을 함께 받아주었지만 백인 학생이 월등하게 많았고, 흑인은 손가락으로 꼽을 정도였다. 백인 학생들은 겉으로는 애써 드러내지 않으려 했으나 그들 마음 밑바닥에는 여전히 흑인들을 얕잡고 깔보는 의식이 깔려 있었다.

"흑인들은 지저분해."

"히죽거리면서 웃는 꼴을 보면 정말 밥맛이 없어."

"그들은 무척이나 게으르대."

이런 평판을 잘 알고 있었기 때문에 마틴은 백인 학생들에게 책잡히지 않으려고 몸을 청결하게 단장하려고 애썼고, 냉정할 정도로 진지하고 조용하게 행동하였다.

신학교에서는 교회사, 종교심리학, 윤리학 등도 배웠지만 학생들이 무엇보다 관심을 둔 것은 설교 실습이었다. 설교 실습에서는 마틴이 단연 돋보였다.

날이 갈수록 마틴은 크로저 신학교에서도 학교 전체의 주목을 받았고, 얼마 후에는 존경을 받는 학생이 된 것은 물론 가장 유망한 성직자로 손꼽히기까지 했다. 성적이 빼어날 뿐만 아니라 모든 품행에 있어 모범적이었기 때문이다. 그래서 그는 학생회장에 선출되기도 하였다. 그가 학생회장으로서 여러 사람 앞에서 연설을 할 때면 청중의 마음을 사로잡곤 했는데 이는 타고난 웅변력 때문이었다.

한편, 전에도 한 차례 경험했지만 미국의 북부도 흑인들에게 평등한 땅이 아니라는 것을 마틴은 다시 한 번 체험하게 되었다.

어느 날 그가 친구들과 함께 어떤 레스토랑에 갔을 때였다. 그런데 주인이 백인 학생들에게는 깍듯이 대접하면서도 마틴에게는 기본적인 서비스마저 거절하는 것이다.

"차별이 너무 심하지 않습니까?"

마틴이 이의를 제기하자 주인이 마틴을 쏘아보더니 퉁명스럽게 대꾸하였다.

"이건 뭐야! 검둥이면 검둥이답게 잠자코 앉아 있어야지. 이 자리에 받아주는 것만 해도 감지덕지인 줄 알아!"

더 이상 참을 수 없었던 마틴은 즉시 자리에서 일어서면서 따졌다.

"그렇다면 나에게선 음식 값과 자리 값을 받지 않겠다는 건가요? 어디 말해봐요."

그러자 주인이 안으로 뛰어 들어가더니, 곧 권총을 가지고 나와서 마틴을 겨냥했다.

"무슨 수작이야? 당장 쏘아버릴 거야!"

펜실베이니아 주에서는 흑인에게 영업을 거절하는 일을 법으로 금지하고 있었다. 따라서 지금 법을 어기고 있는 것은 주인 쪽이었다. 그럼에도 불구하고 흑인에 대한 뿌리 깊은 차별 의식이 그런 무모한 행동을 하도록 만든 것이다.

"마틴, 네가 참아."

"그래. 앞으로 목사가 되겠다며. 그러니 조금만 참고 넘겨봐."

친구들이 말려준 덕분에 일이 더 커지지는 않았다. 참으로 아슬아슬한 순간이었다.

마틴은 크로저 신학교에서 학과 공부에 충실했으면서도 한편 펜실베이니아 대학교에서 철학 강좌를 듣기도 하였다. 철학 사상은 인종 차별 문제와 싸우는 일에 꼭 필요한 학문이라고 여겼기 때문이다.

'폭력으로 차별과 싸운다면 문제만 일으킬 거야. 그렇다면 인간의 존엄성을 가지고 싸울 수밖에 없지 않은가.'

마틴은 모어하우스 대학 시절에 헨리 데이비드 소로의 《시민의 불복종》이라는 책을 읽었다. 소로는 그 책을 통해 불공평하다고 생각되는 악법에는 아무도 절대로 복종하지 말아야 한다는 논리를 전개했다. 어떤 사회가 만든 법이 정말로 잘못된 것이라는 판단이 내려지면 그런 법은 지키지 않아도 무방하며, 그런 사회가 법을 지키지 않았다는 이유로 벌을 가하면 기꺼이 받아들여야 한다고 주장했다.

헨리 데이비드 소로는 마지막으로 이렇게 결론을 내렸다.

'불공평한 법이 어떤 사회를 지배하면 선량한 사람이 갈 곳은 감옥밖에 없다.'

미국 안에 존재하는 인종차별법이 마틴의 눈에는 틀림없는 악법이었다. 그리고 그것은 모든 사람은 똑같은 권리를 누릴 수 있다고 되어 있는 미국의 헌법에도 위배되는 것이었다.

마틴은 학문의 시야를 넓히면서 독일의 정치 철학자요 공산주의 창시자인 칼 마르크스의 책도 읽어보았다. 인류 사회 안에서 모든 불공평은 제거해야 마땅하다는 논리가 그의 마음을 끌었다. 그러나 그런 일을 위하여 독재가 강요될 수밖에 없다는 데에는 찬성할 수가 없었다. 불공평을 없애는 것은 좋지만 인간의 존엄성이 무시되면 안 되기 때문이다.

꾸준한 탐구정신을 통해 그는 자신의 정신적인 지주가 되어 삶의 방향을 결정지어줄 사람을 만나게 되었다. 바로 마하트마 간디이다. 마틴 루터 킹이 직접 간디를 만난 것은 아니었다. 간디를 주제로 한 강연, 책을 통해 만난 것이다.

마틴은 필라델피아까지 가서 인도의 지도자 마하트마 간디에 대한 강연을 들었다.

"간디는 무서운 탄압 정치에도 불구하고 무력을 사용하기는커녕 과격한 말 한마디 없이 300년이나 계속되어온 영국의 통치로부터 자기 국민을 해방시켰습니다. 그가 사용한 무기는 총이나 칼 그리고 저주나 욕설이 아니라 사랑이었는데 그 힘은 매우 놀라웠습니다."

사람들은 강사의 말에 귀를 기울였다. 강사는 더욱 힘차게 말을 이어나갔다.

"그렇다면 간디의 사랑은 어떤 것이었을까요? 어머니에 대한 사랑, 자녀에 대한 사랑, 애인에 대한 사랑, 친척에 대한 사랑, 그런 사랑이었을까요? 아닙니다. 간디의 사랑은 그런 사랑이 아니었습니다. 아무리 나를 괴롭히는 원수라도 그를 원수라 생각하지 않고 하나의 존귀한 인간으로 대하며 사랑하는 숭고한 사랑이었습니다. 간디의 그런 숭고한 사랑이 영국의 탄압으로부터 인도 국민에게 해방을 가져다주었습니다."

강사는 이마에 흐르는 땀을 닦고 한숨 돌린 후 계속해서 연설했다.

"간디는 강대국 영국을 대항하여 싸웠습니다. 그러나 그는 무기로 싸우지 않고 비폭력으로 싸웠습니다. 사랑을 가지고 싸우기 위해서는 폭력을 멀리해야 하기 때문입니다. 그는 온 인도 국민들로 하여금 입을 다문 채 세금 내기를 거부하도록 만들었고, 손수 물레를 돌려 베를 짜서 옷을 만들어 입도록 하여 직물까지도 영국에 의존할 필요가 없도록 만들었으며, 불공평한 소금세를 내지 않도록 하기 위하여 국민들로 하여금 바닷가로 나가서 손수 소금을 굽게 하였습니다. 그리고 영국 군사들이 간디를 잡아 감옥에 가두었을 때도 그는 조금도 저항하지 않고 따랐습니다. 그런데도 불구하고 간디는 조금도 영국을 증오하지 않았습니다. 이 사실이 중요합니다. 그야말로 철저한 비폭력 투쟁이었고 사랑의 투쟁이었던 것입니다."

이 강연은 수많은 필라델피아 사람들을 감동시켰으며, 그 누구보다도 감동받은 이가 바로 펜실베이니아에서 그곳까지 달려갔던 마틴 루터 킹이었다.

'간디는 사랑과 비폭력을 가지고 영국의 강압 통치로부터 자기 국민을 해방시켰다.'

이런 요지의 말은 그가 평생을 바친 비폭력 저항운동에 커다란 밑거름이 되었다.

흥분한 마틴은 그날 밤 크로저 신학교로 돌아온 후, 이튿날부터 곧바로 간디에 대한 책을 손에 닿는 대로 모으기 시작하였다. 그리고 읽고 또 읽었다. 간디에 대한 책들은 한결같이 그의 비폭력, 무저항 투쟁을 이야기하고 있었다.

'그렇다. 무기로도 해낼 수 없는 일을 사랑으로는 할 수 있다. 사랑만이 승리를 가져다주는 절대적인 무기이다. 예수 그리스도께서도 바로 이 사랑의 힘으로 세상과 싸워 이기지 않으셨던가.'

간디와의 만남을 통해 마틴은 인종차별 정책에 대하여 끝까지 비폭력 투쟁을 하기로 결심했다.

마하트마 간디는 힌두교인이었다. 그러나 예수께서 가르치신 "악을 악으로 대적하지 말라"는 말씀에 큰 감동을 받고서 300년 동안이나 식민지 통치를 벌여 온 영국을 대항하여 비폭력운동을 일으켰고, 그리하여 결국 인도 국민에게 자유를 가져다준 세기적인 지도자였다. 이렇듯 훌륭한 지도자였던 간디는 마틴이 모어하우스 대학교를 졸업하던 해인 1948년에 동족의 총탄에 쓰러지고 말았다.

비록 간디는 죽었지만 그의 위대한 정신은 그대로 이어져, 태평양을 건너 마틴 루터 킹에게까지 영향을 주었다.

철학박사가 되어

　　1951년, 마틴은 크로저 신학교를 졸업하면서 석사학위를 받았다. 동시에 최우수 표창장을 받았고, 앞으로 자기가 선택한 대학원에서 교육을 받을 수 있는 특별 연구원으로서의 연구비를 지급받기도 하였다.

　그해 여름, 마틴은 짐을 꾸려서 보스턴으로 향하였다. 보스턴 대학원에서 신학박사 학위를 위한 공부를 계속하기 위해서였다.

　그는 대학원에서 공부하는 동안 일주일에 한 번씩 흑인 학생들과 한자리에 모여서 대화를 나누었다. 이는 그에게 무척 뜻깊은 일이었다. 누군가가 철학적 질문을 하면 다른 학생들은 그 질문을 주제로 토론을 벌였고, 서로 증명과 반론을 제기해나갔다. 이 모임은 나중에 대학원 안에서 가장 유명한 서클이 되어 백인 학생들도 참여하게 되었다.

무엇보다도 기뻤던 것은 결혼 상대자인 코레타 스콧과의 만남이었다. 마틴은 친구의 소개로 코레타 스콧을 만났다.

"머리카락이 참 아름답군요."

"과분한 칭찬이에요."

"지금 어느 대학에서 공부하고 있습니까?"

"뉴잉글랜드 음악 대학원에서 공부하고 있답니다."

"그곳이 고향인가요?"

"아니에요. 나는 앨라배마 주 매리언 근처에서 태어났어요."

이렇게 시작된 대화는 곧 서로가 공부하는 것, 그리고 나중에는 흑인들의 인권운동으로까지 이어졌다. 마틴 루터 킹은 코레타 스콧이 음악에만 관심을 가진 것이 아니라 자기와 같은 방향의 인권운동에도 관심을 가지고 있다는 데에서 마음이 끌렸다.

"이제 보니 우리는 서로 비슷한 부분이 많군요."

"나도 그렇게 생각했어요."

1953년 두 사람은 마침내 결혼까지 하였는데, 그 후로 코레타는 아내로서 남편 마틴 루터 킹에게 얼마나 큰 도움이 되었는지 모른다.

마틴은 보스턴 대학원을 졸업하면서 〈폴 틸리히와 넬슨 위면의 사상에서 나타나는 신의 개념에 대한 비교〉란 주제로 논문을 써서 신학박사 학위를 수여받았다.

마틴 루터 킹이 박사 과정을 마칠 무렵, 북부와 남부의 교회 몇 군

데와 대학에서 그에게 일자리를 주겠다는 연락이 왔다. 그는 대학에서 학생들을 가르치는 일도 하고 싶었고, 오랫동안 꿈꾸었던 목사의 길을 걷고 싶기도 했다. 그는 그중에 목사의 길을 선택했다. 그리고 남부 지방의 교회에 가기로 마음먹었다.

인종차별이 비교적 덜한 북부로 가는 것은 킹에게 목사로서의 성공이 보장된 것과 마찬가지였다. 그런데 킹 부부는 남부의 교회를 선택했다. 남부가 그들의 고향이긴 했지만 차별이 심한 곳이기 때문에 그곳으로 가겠다는 결정을 하기까지는 많은 고민과 기도가 필요했다. 그들은 결국 편안하게 살 수 있는 곳보다는 자신들을 필요로 하는 곳으로 가는 것이 옳다고 결정했다.

마틴 부부가 몽고메리의 덱스터 애비뉴 침례교회의 목사관으로 이사한 것은 1954년의 일이었다. 그는 정식으로 목사가 되어 교회 일을 돌보기 시작했다.

그가 설교하기 위하여 처음으로 강단에 올랐을 때, 교인들은 새로 온 젊은 목사가 익숙하지 않았는지 그의 겉모습을 보고 수군거렸다.

"저런 애송이가 어떻게 설교를 한다고….”

"이제 학교를 갓 졸업했대.”

"우리가 키워야 하는 거 아니야?”

하지만 그의 설교를 들은 후에는 교인들의 태도가 바뀌었다.

"아이가 아니라 산 위에 올라선 모세였어.”

사람들이 그렇게 말한 것은 무리가 아니었다. 힘찬 목소리와 호소력이 강한 그의 설교는 듣는 이의 마음에 큰 감탄을 자아냈다.

마틴 루터 킹은 교회를 돌보는 일에 점점 익숙해졌다. 코레타 역시 여자 성도들을 관리하고 돌보는 일에 전념했다.

몽고메리는 남북전쟁 당시 남부 연방의 수도였던 만큼, 마틴 루터 킹이 교회 활동을 하던 때에도 남부 어느 지방보다 인종차별이 심했다. 버스를 탈 때에도 앞의 네 줄은 흑인들이 앉지 못한다는 법을 만들었기 때문에, 버스가 복잡하거나 몸이 아프더라도 흑인들은 비어 있는 자리를 보며 서 있어야 했다.

이런 불공평한 대우는 정말 참을 수 없는 일이었다. 그러나 대개의 흑인들은 이런 일을 당하면서도 아무 말도 못했다. 그러다보니 몽고메리는 자연스럽게 인종차별 정책에 대한 투쟁의 거점이 되어갔다. 흑인 지도자와 인권운동가들은 흑인들의 선거권을 얻기 위하여 오랫동안 투쟁하였으나, 의결이 나지 않아 번번이 부결되곤 하였다.

마틴 루터 킹이 이곳으로 부임한 지 얼마 되지 않은 1954년 5월 17일에 대법원은 모든 학교에서 흑인차별을 금지하라는 결정을 내렸고, 그달 31일에는 그 결정을 재확인하였다. 그러자 남부 여러 지방의 백인들은 분노를 터뜨리면서 여기저기에서 백인 시민회의를 결성하였다.

특히 몽고메리에 살고 있던 백인들이 벌 떼처럼 일어났다. 대법원의 결정을 절대로 그냥 두고 보지 않겠다는 태도였던 것이다. 몽고메리 시는 시한폭탄을 안고 있는 것 같았다. 흑인들은 흑인들대로 차별에 대한 분노의 칼날을 갈고 있었고, 백인들은 자신들과 같은 대우를 받으려는 흑인들의 움직임을 참지 못했다.

1955년 12월 1일 목요일, 계절과 달리 무척 포근한 날이었다. 날이 저물자 상점들이 문을 닫기 시작하였다.

이때 어떤 버스가 한 백화점 근처의 정거장에서 백인 몇 사람을 태웠다. 그들이 탔을 때 백인들을 위한 자리는 다 차 있었다. 그러자 버스 운전사가 한 흑인 여자에게 다가가서 자리를 내놓으라고 윽박질렀다. 그 여자는 백인들만 앉도록 되어 있는 좌석 바로 뒷자리에 앉아 있었다.

"이 검둥이 계집아, 빨리 일어나."

그러나 흑인 여자는 꼼짝하지 않았다. 그녀의 이름은 로자 파크스로, 재봉사로 일하던 부인이었다.

"어서 자리를 내놓지 못하겠어?"

"저도 하루 종일 일하고 피곤해요. 자리에 앉아서 가고 싶어요."

"배짱이 두둑하네. 하지만 나도 더는 참을 수 없어. 얼른 일어나!"

"나도 이 자리에 앉을 권리가 있어요."

"넌 검둥이잖아?"

"검둥이든 흰둥이든 다 똑같은 사람이에요. 그리고 이 자리는 백인 전용 자리도 아니고요. 그런데 왜 내가 자리를 빼앗겨요?"

"비키라면 비킬 일이지 무슨 말이 이렇게 많아? 어서 일어나지 못해!"

그래도 그녀는 꼼짝도 하지 않았다. 오히려 자기 신발을 차분히 벗어놓기까지 하였다. 운전사는 정말로 경찰을 불러왔다.

"바로 이 검둥이입니다."

운전사가 로자 파크스를 가리키자 경찰들은 그녀에게 다가갔다.

"당신을 체포합니다."

경찰관들이 쇠고랑을 채우려 하자 그녀는 일어나면서 체포를 거부했다.

"무엇 때문에 날 체포하는 건가요?"

"당신이 법을 어겼으니까요."

"사람을 차별하는 것도 법인가요?"

"우리는 그저 법에 따르는 것뿐이니까 같이 갑시다."

그녀는 더 이상 버티지 못하고 경찰과 함께 버스에서 내렸다.

로자 파크스는 남편과 함께 전미 흑인 지위향상협회(NAACP)에 가입되어 있었고, 몽고메리 지부의 서기로 일하기도 했다. 그래서 백인들 눈에는 그저 흑인 여자 중 하나였지만 흑인들 사이에서는 꽤 알려진 인물이었다.

로자 파크스는 경찰관들에게 끌려가서 억지로 잘못했다는 진술서를 쓰고 거기에 지문까지 찍어야 했다. 인종차별법을 위반했다는 것이었다. 당시 그런 법을 위반했다는 명목으로 체포를 당한 흑인들은 수없이 많았다. 심지어 경찰관의 총에 사살당하는 경우도 있었다.

저항운동의 시작

　　　　　　　로자 파크스가 체포를 당했다는 소식은
흑인들 사이에 급속히 퍼졌다.

"파크스 부인이 체포를 당했대."

"정말이야?"

"끌려가서 죽도록 맞았대."

"옷까지 벗겨놓고서 때렸다더군."

로자 파크스가 체포당했다는 소식은 입에서 입으로 전해질 때마
다 과장되어 몽고메리 시에 살고 있는 흑인들을 분노하게 만들었다.
피해자가 연약한 여자였다는 사실이 더 큰 자극이 되었다.

이런 일에 누구보다도 빠르고 민감한 반응을 보인 이들은 영향력
있는 여성들이었다. 그녀들은 즉시 한자리에 모여 백인들의 행패를
성토하기 시작하였고, 이번만은 절대로 가만히 앉아서 당하면 안 된

다는 결론을 내렸다.

"버스에서 앉아서 간다는 이유로 약한 여자까지 체포하다니, 말도 안 돼요."

"이런 일을 그냥 넘어가면 안 된다고 생각합니다."

"당연하지요. 어떻게 그냥 넘어가요?"

"만약 이대로 넘긴다면 백인들은 더욱 의기양양해서 행패를 부릴 거예요."

"그럼 함께 대책을 세워봅시다."

이렇게 하여 흑인 여성들 사이에서 최종적인 방안이 결정되었다. 흑인들에 대한 차별 정책이 없어질 때까지 몽고메리에 살고 있는 흑인들은 끝까지 백인들의 버스를 타지 말자는 것이었다. 이른바 승차 거부 운동이었다.

그들은 버스 안 타기 운동에 대해 전미 흑인 지위향상협회 회장인 닉슨에게 알렸다. 파크스 부인이 그의 비서로 일한 적이 있었기 때문에 적극적으로 후원해주리라고 믿었던 것이다. 닉슨은 이 일이 좋은 아이디어라면서 자신도 직접 이 운동에 나서겠다고 했다.

닉슨은 곧 몽고메리의 교회와 목사들에게 이 사실을 알렸다.

"킹 목사님도 로자 파크스의 체포 소식을 들었습니까?"

"당연하지요. 너무 화가 나서 당장 뛰어가서 따지고 싶은 것을 겨우 참고 있습니다."

"사실 우리는 그동안 이런 불공평한 대우와 말도 안 되는 행패를 너무 많이 당해왔습니다."

"잘 알고 있습니다."

"더 이상 이렇게 당할 수만은 없지 않습니까?"

"그럼 어떤 대책이라도 있나요?"

"우리보다 부인들이 앞장서 주었습니다. 그 부인들이 버스 타지 않기 운동을 벌이자고 제의했어요. 나도 참 좋은 방법이라고 생각해서 동참하고자 합니다."

"정말 좋은 생각이군요! 전적으로 동감합니다. 저도 그 일에 참여하지요."

통화를 마친 킹은 곧 랄프 애버내시 목사에게 전화를 걸었다. 애버내시는 킹 목사처럼 몽고메리에서 큰 교회를 돌보고 있던 목사이자 같은 뜻을 추구하는 지도자 중 한 사람이었으며, 킹 목사의 친한 친구이기도 하였다. 애버내시는 조직적인 행동을 이끄는 데에 탁월했고, 킹 목사는 사람들에게 영감을 주고 그들을 정신적으로 이끄는 데에 유능했다.

이 전화를 통하여 두 사람은 다른 성직자들과 지도층 인사들과 연락하여 다음 날 저녁 시간에 모임을 가지자는 데에 합의하였다. 모임 장소는 킹 목사가 일하는 덱스터 애비뉴 침례교회로 정하였다.

파크스 부인의 체포 사건이 있은 지 3일째가 되는 12월 3일 토요일 저녁, 지도자급 흑인 40명이 덱스터 애비뉴 침례교회로 모여들었다. 그들은 임시 의장으로 로이 베네트 목사를 선출하였다.

모두들 이 모임의 취지를 알고 왔기 때문에 논의는 빠르게 진행되었다.

"이제는 행동으로 옮겨야 할 시기입니다."

"이렇게 이야기만 하고 있을 수는 없어요."

"이번 행동으로 불공평한 사회를 조금이라도 변화시키도록 합시다."

그들은 이 모임에서 버스 안 타기 운동은 언제부터 펼 것인가, 기간은 언제까지로 할 것인가, 전체 흑인들에게는 이 사실을 어떻게 알릴 것인가 등을 논의하였다. 그들은 12월 5일 월요일 아침부터 흑인 차별 정책이 없어질 때까지 무기한으로 이 거부 운동을 펴기로 결정하였고, 몽고메리의 흑인들에게는 4일 주일에 전단지를 통해 알리기로 했다. 그리고 5일 오후에 다시 모여 좀 더 구체적인 방안을 이야기하기로 했다.

그런데 버스는 비교적 저렴한 교통수단이었기 때문에 버스를 이용하지 않을 경우 흑인들에게는 마땅한 교통수단이 없다는 것이 문제였다. 가까운 곳은 조금 더 일찍 일어나서 걸어가면 된다지만, 먼 곳은 걸어가기가 불가능했다. 그래서 몽고메리 시 안에 있는 흑인들의 택시 회사에 도와달라고 부탁하기로 하고, 일단 그날 저녁 모임을 마쳤다.

마틴 루터 킹은 모임을 마친 후 그날 밤에 교회의 직원들과 함께 7,000장이 넘는 전단을 만들었다. 전단에는 이렇게 적혀 있었다.

우리의 딸 파크스 부인이 버스 좌석을 양보하지 않았다고 해서 체포, 구금을 당하였습니다. 이를 응징하기 위하여 12월 5일 월요일 아침부터 일체 버스를 타지 말기로 합시다. 가까운 곳은 걸어다니고,

꼭 차를 타야 한다면 택시를 타거나 다른 사람의 차를 함께 타도록 합시다. 그리고 5일 저녁에 모두 홀트 스트리트교회로 모입시다.

4일 아침, 솔선하여 나선 수많은 부인들과 젊은이들은 몽고메리 전역에 신속하게 전단을 뿌렸다. 마틴 루터 킹이 만든 것뿐만 아니라 다른 사람들이 만든 전단도 함께 뿌려졌다.

지역신문인 〈몽고메리 애드버타이저〉는 이 사실을 즉시 게재하여 알렸다. 그런데 백인들에게 사실을 알리기 위해서 쓴 기사가 엉뚱하게 흑인들의 행동을 단결하는 데 도움이 되었다. 신문사에서 전단지 내용을 그대로 실었기 때문에 전단지를 보지 못했던 흑인들에게까지 이 내용이 알려진 것이다.

마틴 루터 킹도 교회 일을 마치고 나서 저녁 늦게 신문을 읽었다. '흑인들의 버스 보이콧 운동'이라는 제목은 눈에 잘 띄었고, 전단 그대로 실려 있었다. 그는 신문 기사를 읽고 나서 의자에 몸을 기댄 채 조용히 눈을 감았다. 그리고 사건의 이모저모를 생각했다.

'어떤 의도이든 간에 이 거부 운동이 예수님의 정신에 어긋나는 것은 아닐까? 그리고 그것은 도덕적으로 올바른 일일까? 이 사건이 재판으로까지 이어진다면 과연 정당화될 수 있을까?'

여러 가지 생각 때문에 혼란스러웠으나, 그는 이렇게 결론을 내렸다.

'버스 안 타기 운동은 그 목적이 예수님 정신과 일치하고 비폭력적인 방법이다. 인종차별은 무엇보다도 하나님께 도전하는 악이다. 그러기에 우리의 이 운동은 너무도 정당한 것이다.'

그러고는 편안하게 잠을 청했다.

그날 밤 한 통의 전화가 걸려왔다. 흑인들이 운영하는 택시 회사에서 버스 안 타기 운동을 하는 동안은 버스 요금만 받고 택시를 태워주기로 했다는 내용이었다. 마틴 루터 킹은 더욱 힘과 용기가 솟아올랐다.

12월 5일 아침, 마틴 루터 킹은 일찍 자리에서 일어나 옷을 단정하게 입었다. 그리고 이 운동의 좋은 결과를 위해 조용히 하나님께 기도하였다.

당시 몽고메리에 살고 있던 흑인들의 숫자는 1만7천 명 정도였다. 그는 그중에 60퍼센트 정도만 실천해도 상당히 성공적이라고 생각하였다.

마틴 루터 킹의 집에서 얼마 떨어지지 않은 곳에 버스 정거장이 있었다. 버스는 6시부터 운행되고 있었다. 킹 부부는 초조한 마음으로 창문을 통하여 정거장을 지켜보았다.

"버스 안 타기 운동이 어느 정도나 실행될까요?"

"글쎄, 아직 단정하기는 어렵지만 많이 동참할 거라고 생각해요."

마침 버스 한 대가 정거장을 지나갔다.

"마틴, 저것 보세요!"

아내의 외침에 마틴 루터 킹도 창밖을 보았다. 버스는 텅텅 비어 있었다.

"비었어요. 텅 비어 있다고요!"

두 사람은 믿을 수 없다는 듯 서로를 마주 보았다. 그 시간에 그들 집 앞을 지나가는 버스에는 언제나 흑인 노동자들이 가득했기 때문이다.

15분이 지나서 다른 버스가 정거장을 지나갔다. 그 버스 역시 텅 비어 있었다. 이어서 세 번째 버스도 마찬가지였고, 승객은 백인 두 사람에 불과했다.

'됐다. 이 정도면 성공이야!'

마틴 루터 킹은 속으로 환호성을 질렀다.

그는 서둘러 아침 식사를 마친 후 자가용을 몰고 시내 중심가로 나가보았다. 그리고 여기저기 돌아다니면서 버스들을 살펴보았다. 그동안 그가 버스 안에서 본 흑인은 네댓 명에 지나지 않았다. 정말 놀라운 사실이었다. 몽고메리 안에 살고 있는 흑인 사회가 자기 권리와 존엄성을 찾기 위하여 그처럼 신속하게 뭉칠 수 있음을 확인했기 때문이다.

자가용이 있는 흑인들은 그 시간에 부지런히 움직이며 동족들을 일터까지 태워다주었고, 노새를 탄 흑인들이 있는가 하면 태반은 그대로 걸어서 일터로 갔다.

오토바이를 탄 경찰들은 그 시간에 각처에서 버스 뒤를 추적하면서 따라다녔다. 버스 안 타기 운동을 강요하고 있는 무리가 있으면 꼬투리를 잡아 현장에서 체포하기 위해서였다. 그러나 어디에서도 그런 무리는 눈에 띄지 않았다. 흑인들 스스로 운동에 참여하여 불편함을 견디고 있었다.

그날 오후 3시, 베네트 목사의 소집에 따라 지도급 인사들이 다시 덱스터 애비뉴 침례교회로 모였다. 그리고 이 모임에서는 애버내시 목사의 제의에 따라 버스 안 타기 운동을 계속 지휘할 수 있는 공식적인 기구를 만들고 나서 그 명칭을 '몽고메리 개선협회'라고 불렀고, 이 기구를 이끌 회장으로는 마틴 루터 킹이 선출되었다.

그리고 그날 저녁에 흑인들이 홀트 스트리트교회로 모이기 시작했다. 하나둘 모이더니 어느새 4,000명이라는 수가 모였다. 마틴 루터 킹을 비롯해서 몽고메리 개선협회의 지도급 인사들이 모이자 사람들은 일제히 노래를 부르기 시작했다.

"그리스도의 용사들이여!"

이 노래는 마치 전 세계에 자기들의 투쟁정신을 선언하는 합창 같았다. 노래가 끝나자 마틴 루터 킹은 그들 앞에서 연설을 시작하였다.

형제자매 여러분! 우리는 그동안 너무 지쳤습니다. 인종차별이라는 악법에 시달렸고, 백인들의 횡포에 시달려 왔습니다. 이제 투쟁의 시작입니다.

우리가 하는 일은 결코 나쁜 일이 아닙니다. 우리에게 잘못이 있다면 헌법도 잘못된 것입니다. 우리는 정의가 강물처럼 흐르는 그날까지 싸울 것입니다. 그러나 폭력적인 대항은 없을 것입니다. 폭력은 어디까지나 폭력만 불러오기 때문입니다.

우리의 무기는 사랑과 무저항입니다. 이 무기가 비록 눈에 보이지는 않지만 세상에서 이보다 더 강한 것은 없을 것입니다. 우리가 이 사랑과 무저항의 무기로 승리한다면 후대의 역사가들은 반드시 '흑인들은 위대한 사람들이었다' 라고 기록할 것입니다. 그러기에 우리는 한마음이 되어 이 투쟁을 이끌어 가야 하겠습니다. 우리 앞에는 승리밖에 없습니다.

마틴 루터 킹의 연설이 끝나자 군중들의 박수는 그칠 줄을 몰랐다. 이어서 애버내시 목사는 그들에게 몽고메리 개선협회에서 의결한 사항을 말했다. 그리고 다시 한 번 그들이 결의를 다짐하도록 사기를 북돋웠다.

"오늘 실천한 버스 안 타기 운동의 성과는 정말 훌륭했습니다. 앞으로도 우리의 요구가 받아들여질 때까지 계속 버스 안 타기 운동을 이어 나갑시다."

그 시간 이 모임에는 로버트 그레이트라는 젊은 백인도 함께했다. 그는 흑인 루터교회의 목사였는데, 백인이면서도 흑인 인권운동에 가담한 것이다.

개선협회 회원들은 그다음 날도 한자리에 모여 버스 안 타기 운동을 계속적으로 벌여나갈 구체적인 방안들을 논의하였고, 빈틈없이 실행해갈 수 있도록 토의하였다. 이렇게 하여 날이 갈수록 진전된 흑인들의 버스 안 타기 운동은 절정에 이르게 되었다.

믿음으로 투쟁하다

그전에 흑인 사회에서 결코 볼 수 없었던 모습으로 버스 안 타기 운동이 계속 이어졌다. 10일이 지나고, 30일이 지나고, 50일이 지나도 운동에 대한 열기는 조금도 수그러들지 않았다. 몽고메리의 흑인들은 조용한 가운데 저항을 이어나갔다.

처음에는 콧방귀만 뀌던 백인들도 버스 안 타기 운동이 계속되자 술렁이기 시작했다. 급한 일이 있거나 추워지거나 날씨가 궂으면, 버스를 타겠지 했지만, 흑인들은 꿋꿋이 버스를 타지 않았다. 버스는 거의 빈 차로 운행되었고, 그해 말까지만 해도 4만 달러 이상의 적자가 생겼다. 그때서야 몽고메리 시의 백인 관리들이 문제 해결에 대해 의논하기 시작했지만 딱히 해결책을 찾지 못했다. 몇 사람이 이끄는 운동이 아니라 흑인 모두가 참여하고 있었기 때문이다.

견디다 못한 버스 회사들은 몽고메리 시 당국자들과 몽고메리 개선협회의 모임을 주선했다. 드디어 몽고메리 시의 시장과 마틴 루터 킹이 대면하는 자리가 만들어진 것이다.

첫 만남에서 시장이 그들에게 퉁명스럽게 말했다.

"도대체 당신들의 불만이 뭐요?"

"우리 흑인에게도 인간으로서 최소한의 권리가 필요합니다."

"누가 흑인들은 사람이 아니라고 몰아붙이기라도 했소? 당신네 흑인들도 우리 몽고메리 시에서 함께 살고 있지 않소!"

"그렇지요. 함께 살고 있지요. 그러나 시민답게 살고 있지는 못하다는 것이 문제입니다. 로자 파크스 부인이 체포를 당한 일만 해도 그렇고요."

"그건 법에 따르는 정당한 체포였소."

"바로 그것이 우리의 고통입니다. 차별법이 존재하는 한 우리는 여전히 사람답게 살지 못할 것이니까요."

"앞으로는 흑인 승객들에 대한 대우를 개선해나갈 테니 버스 안 타기 운동을 이만 끝내주시오."

"단순히 버스에서 앉아서 갈 수 있도록 해달라는 문제가 아닙니다. 차별법 자체가 문제라는 것이지요."

"하지만 우리의 피부색이 다른 이상 그 법을 어떻게 할 수는 없는 노릇이오."

"그렇다면 저희는 더 이상 할 말이 없습니다."

"아니, 법 하나를 세우고 바꾸는 게 어디 쉬운 일인 줄 압니까? 배웠다는 양반이 왜 이리 융통성이 없어. 이봐요, 킹 목사. 당장 해결할 수 없는 일이니 차츰 해결해가기로 하고, 일단 버스 안 타기 운동은 여기서 멈춥시다."

"아니오. 그럴 수는 없습니다. 저희 뜻이 이뤄지기 전까지 우리는 저항운동을 계속해나갈 것입니다."

시장은 흑인들의 차별에 대해 조금도 양보하거나 배려하려 하지 않았고, 마틴 루터 킹 역시 차별법을 없애달라는 자신의 주장을 굽히지 않았다. 결국 시장과 개선협회의 만남은 여기서 깨지고 말았다.

흑인들은 더욱 철저하게 저항운동을 계속해나갔다. 그러나 흑인들 중에서 마틴 루터 킹과 의견이 다른 사람들이 있었기 때문에 흑인들을 하나로 모으는 일도 쉽지 않았다. 오랜 시간 동안 버스를 타지 않고 불편한 가운데 투쟁을 했지만 아무런 결과가 없으니, 폭력으로 백인들에게 대항하려는 무리들이 꽤 있었다. 그들은 지금껏 쌓아온 증오를 폭발시키고 터뜨리기를 원했다. 그럴 때마다 마틴 루터 킹은 비폭력의 힘을 강조하지 않을 수 없었다.

"증오는 증오를 불러오고, 폭력은 폭력만 불러옵니다."

"하지만 저들은 우리를 괴롭히지 않습니까? 억울하게 체포하고 가두고 벌을 주고! 그런데 왜 우리만 이렇게 바보 같은 방법을 써야 합니까?"

"당신의 아픔을 나도 잘 압니다. 나도 흑인이니 억울하고 속상해요. 그렇더라도 우리는 사랑의 힘으로만 증오의 세력과 맞서야 합니다. 그것이 진정한 승리의 길입니다."

마틴 루터 킹은 과격한 반응을 보이는 흑인들을 계속해서 설득했다.

미국 안에 있는 주요 신문들이 몽고메리 시 흑인들의 버스 안 타기 운동을 보도하자, 이어 세계 각처의 주요 신문들까지도 그들의 투쟁을 보도하였다. 미국의 한 도시에서 일어난 사건이 전 세계의 이목을 끌기 시작한 것이다.

이들의 버스 안 타기 운동이 보도되자 곳곳에서 후원금과 물품을 보내주기 시작했다. 일단 미국 내 여러 도시에 있는 교회들이 후원금을 보내주었고, 여러 노동조합에서도 도움의 손길을 베풀었다. 이어 세계 여러 곳에서도 후원금을 보내왔다. 도쿄, 싱가포르, 스위스, 심지어 항해 중인 선박으로부터도 후원금이 들어왔다.

무엇보다도 몽고메리의 흑인들에게 용기를 준 것은 후원금과 함께 부쳐온 격려문들이었다.

- 당신들이 벌이는 운동은 반드시 빛나는 역사를 장식하게 될 것입니다.
- 정의는 결국 승리하고 만다는 증거를 꼭 보여주십시오.
- 전 세계 사람들이 당신들에게 박수를 보내고 있습니다. 조금도 굽히지 말고 힘차게 싸우기 바랍니다.

이처럼 전 세계의 관심이 쏟아지자 누구보다도 바빠진 사람들은 엄청난 분량의 우편물들을 다루어야만 했던 10여 명의 사무직원들이었다. 하지만 그들은 아무리 바빠도 조금도 짜증을 내지 않았다.

자신들의 작은 정성과 봉사가 밝은 미래를 가져다주는 원동력이라 생각하면 열심을 내지 않을 수 없었다.

시간이 지나도 해결될 기미가 보이지 않고 오히려 사태가 점점 커지고 어려워지자, 몽고메리 시에서는 지금까지와는 다른 방법을 사용했다. 더 강하고 폭력적인 규제를 하기 시작한 것이다.

먼저 각처에서 보내온 엄청난 후원금을 흑인 지도자들이 마음대로 낭비하고 있다는 엉뚱한 소문을 퍼뜨리기 시작했다. 곧 흑인 지도자들이 다른 의도와 동기를 가지고 흑인들을 이용하고 움직이고 있다는 것이다. 각 신문들이 그런 소문이 돌고 있다는 사실을 보도했지만 그 사실을 뒷받침할 만한 증거는 그 누구도 찾아내지 못했다. 그래서 이 방법은 큰 효과를 보지 못했다.

다음으로는 시장이 직접 텔레비전에 출연해서 흑인들의 버스 안 타기 운동을 공공연히 비난하기 시작했다. 그의 비난이 백인들의 시민협회 같은 인종차별 지지자들을 격려하는 데에는 영향을 끼쳤지만 흑인들의 저항을 막는 일에는 별 도움이 되지 못하였다.

그러자 이번에는 물리적으로 대응하기 시작했다. 흑인들이 아주 사소한 규칙만 어겨도 무조건 체포했고, 조금만 빨리 달려도 교통 법규를 어겼다며 엄청난 벌금을 부과하거나 운전면허를 취소시켰다.

마틴 루터 킹도 피해를 당했다. 어느 날 오후, 마틴 루터 킹이 차를 몰고서 밖으로 나갔는데 얼마 안 가서 교통경찰 두 명이 차를 세우게 했다. 킹은 차를 길 옆에 세우고 물었다.

"무슨 일입니까?"

"당신을 체포합니다."

"무슨 이유로 나를 체포한다는 것입니까?"

"속도위반을 했어요."

"아닙니다. 나는 규정 속도에 맞게 달렸습니다."

"시속 25마일 지역인데 당신은 30마일 속도로 달렸어요. 우리 눈을 속일 수는 없지요."

그러고는 마틴 루터 킹을 끌고 가서 감옥에 가두어버렸다. 그는 그때의 일을 이렇게 기록하고 있다.

느닷없이 당한 일이라 경찰관들과 어떻게 대결해야 할지를 몰랐다. 도대체 그들이 나에게 무엇을 원하고 있는지조차 알 수 없었기 때문이다. 나는 끌려가는 도중에 하나님께 기도하지 않을 수 없었다. 그들은 나를 시내 밖으로 끌고 나가서 폭언을 퍼부으면서 구타한 다음 으슥한 구덩이에 팽개치고 가버릴 수도 있기 때문이었다. 하지만 차에서 내리니 구치소의 간판이 보였다. 그래서 나는 안심이 되었다. 감옥쯤은 무섭지 않았다.

마틴 루터 킹이 체포를 당하고 감옥에 갇혔다는 소식은 금세 몽고메리 시에 퍼져나갔다. 흑인들은 그 소식을 듣고 흥분하기 시작했다.

"킹 목사가 체포를 당했대."

"우리 모두 구치소로 모이자."

"이번만은 그냥 넘길 수 없어!"

분노가 머리끝까지 치민 흑인들은 곧 구치소로 달려가서 순식간에 그곳을 둘러쌌다. 당황한 경찰들이 흑인들에게 총부리를 겨누면서 소리쳤다.

"물러가지 않으면 쏠 테다!"

"쏴봐라! 우리는 여기서 죽어도 좋다."

"정말 총을 쏠 거란 말야!"

"상관없어. 얼른 킹 목사를 풀어줘. 그렇게 하지 않겠다면 먼저 우리부터 죽여라!"

흑인들은 총 앞에서도 기세가 누그러들지 않았다. 보안관은 급히 시장을 불렀다.

"시장님, 큰일났습니다. 흑인들이 구치소를 겹겹이 둘러싸고 있습니다."

"킹 목사 때문인가?"

"그렇습니다. 기세가 매우 험악합니다."

"어쩔 수 없군. 킹 목사를 그냥 풀어주게."

안 그래도 온 세계가 몽고메리 시를 주시하고 있는데, 시장은 여기에서 또 사건이 터진다면 백인들에게는 더욱 손해라고 생각했다. 그리고 흑인들의 단합된 항거에 다시 한 번 놀랐다. 그 덕분에 마틴 루터 킹은 곧 풀려나왔다.

그러나 일은 거기에서 끝나지 않았다. 버스 안 타기 운동이 계속되는 가운데 마틴 루터 킹의 집으로는 협박 전화와 협박 편지가 끊임없이 날아왔다. 그 무렵 그가 어떤 일들을 겪었는지는 다음과 같은 그의 기록을 통하여 알 수 있다.

내가 감옥에서 풀려난 그날 저녁부터 나는 끊임없이 괴한들의 협박 전화를 받아야 했다. 처음에는 성질이 사납고 급한 백인 몇몇의 짓이라고 생각해서 그다지 걱정을 하지 않았다. 그러나 전화벨이 계속해서 울리고 협박은 점점 더 거칠어졌다. 그때부터 두려움을 느끼기 시작했다.

밤늦은 시간이었다. 아내는 이미 잠이 들었고 나도 잠자리에 들려고 하는데 또 전화벨이 울렸다. 전화를 받았는데 누군가가 몹시 거친 음성으로 내뱉었다.

"이 검둥아, 똑똑히 들어라. 우리는 네 모든 것을 빼앗을 거야. 무척 화가 나 있기 때문이지. 물론 거기에는 네 목숨도 포함되어 있어. 일주일 안으로 네가 몽고메리에 온 것을 반드시 후회하도록 해주겠다. 두고 봐라!"

전화가 끊겼으나 나는 도저히 잠을 이룰 수가 없었다. 무서움과 두려움이 나를 한꺼번에 엄습했다. 그래서 나는 침대에서 벌떡 일어나 한참 동안 방 안을 서성거리다가 부엌으로 가서 커피를 한 잔 끓여 마셨다. 그러자 마음이 약간 가라앉았다.

나는 그 시간에 다시 한 번 나의 결심을 확인하였다. 아무리 그들이 폭력으로 위협하더라도 나는 끝까지 비폭력 투쟁을 하여 반드시 승리하겠다는 결심이다. 또한 비겁하지 않게 그 상황에서 벗어날 수 있는 방법을 생각하기 시작하였다.

사실 나는 탈진 상태였다. 용기가 바닥나고 있음을 느꼈다. 이러한 때 내가 간절하게 찾고 붙잡을 분은 오직 하나님밖에 없었다. 나는 두 손으로 머리를 감싸 쥐고 식탁 위에 엎드려 큰 소리로 기

도했다.

"하나님, 저는 끝까지 옳다고 믿는 일을 위하여 싸우겠습니다. 그러나 지금 너무나 두렵습니다. 어느새 많은 사람들이 저를 따르고 있습니다. 지도자의 자리에 서게 되었습니다. 그들이 저의 이런 나약한 모습을 본다면 더욱 방황할 것입니다. 저는 기운이 다했으며, 제가 할 수 있는 것도 사실상 아무것도 없습니다. 이 모든 것을 저 혼자서 감당할 수 없다는 것을 하나님이 가장 잘 아실 것입니다. 그러니 하나님, 저를 버려두지 마시고 새 힘과 용기를 주십시오."

그 순간이었다. 나는 지금껏 한 번도 경험해보지 못했던 일을 겪었다. 곧 나의 내면을 통하여 하나님의 음성이 들려온 것이다.

'조금도 두려워하지 말고 진리와 정의만을 위해 싸워라. 그러면 나는 언제나 너와 함께 있을 것이다.'

바로 그때 나의 두려움은 싹 사라졌고, 그때까지 나를 괴롭히던 모든 불확실한 것들도 모두 사라져 버렸다. 그리고 그 어떤 시련과도 맞서 싸울 자신감이 생겼다. 주변의 상황은 끊임없이 변하였으나 하나님은 변함없이 나와 함께 계셨던 것이다.

우리에게 투표권을 달라

버스 안 타기 운동은 1956년이 되어서도 그 기세가 조금도 꺾이지 않고 더욱 가열되어 갔다. 흑인들의 투쟁은 일시적 감정에 의해 비롯된 것이 아니라 300년 동안 쌓인 울분이 터져나온 것이기 때문이다.

마틴 루터 킹은 몽고메리 시만이 아니라 전체 흑인들의 지도자로 떠오르게 되었고, 이와 동시에 백인들에게는 증오의 대상으로 떠올랐다. 킹이 전화로 받은 협박은 가벼운 것이라고 할 정도로 그를 향한 백인들의 공격과 증오는 커졌다.

1월 30일 초저녁, 마틴 루터 킹의 집이 정체불명의 괴한들로부터 폭탄 테러를 받았다. 그날 마틴 루터 킹은 몽고메리 개선협회 회의에 참석하느라 집을 비운 상태였다. 아내 코레타는 어린 딸 욜란다를 안고 교회의 부인 몇 사람과 함께 거실에 앉아서 텔레비전을 보고 있었다.

바로 그 순간, 현관 쪽에서 '쾅!' 하는 큰 소리가 들려왔다. 거실 안에 있던 사람들이 깜짝 놀라 우왕좌왕했고, 그사이 코레타는 얼른 거실 밖으로 가보았다. 누군가가 던진 폭탄이 폭발하면서 현관문을 뚫었던 것이다. 그래서 바닥은 물론이고 현관 주위의 창문들까지 부서져 버렸다. 방금 터진 폭탄에서 새어 나오는 화약 냄새와 열기가 실내를 가득 채우고 있었다.

킹 부인이 넋 놓고 서 있는 사이에 초인종이 요란하게 울렸다. 폭발 소리를 들은 이웃 사람들이 그 집으로 몰려온 것이다.

"도대체 무슨 일입니까?"

"폭탄이 터졌군! 부인, 괜찮으세요?"

"사람이 다치지는 않았나요?"

"이건 백인들의 짓이 분명해!"

"정말 참을 수 없는 일이야."

폭탄 테러 소식은 곧바로 마틴 루터 킹에게도 전달되었다. 그는 깜짝 놀라서 허겁지겁 집으로 달려갔다. 그가 집에 도착했을 때는 벌써 성난 흑인 무리가 그의 집 앞에 모여 있었다. 그들은 손에 소총, 돌멩이, 몽둥이, 칼, 유리병 등을 들고 있었다.

"이대로 두고 볼 수만은 없다."

"당장 관공서로 달려가서 우리도 그곳을 박살 내자."

"자, 어서 달려가자!"

마틴 루터 킹은 성난 무리들을 가로막았다. 그리고 차분한 태도로 입을 열었다.

"여러분! 다들 진정하고 우선 손에 든 것을 버리기 바랍니다. 이런 때일수록 우리는 더욱 감정을 절제해야 합니다. 어서 손에 든 것들을 내려놓으세요!"

그러나 성난 무리는 쉽게 가라앉지 않았다.

"목사님! 자칫하면 목사님과 가족이 모두 죽을 뻔했어요. 그런데 이대로 당하고 있으란 말입니까?"

킹도 그들 이상으로 화가 나고 놀란 상황이었다. 그러나 그들을 진정시키는 게 가장 우선시해야 할 일이라고 판단했다.

"여러분의 마음은 고맙습니다만, 나는 절대로 폭력을 원하지 않습니다. 백인들이 우리에게 무슨 짓을 저지르더라도, 우리는 그들을 하나님의 자녀로서 그리고 같은 형제로서 사랑해야 합니다. 우리가 하는 일이 올바르다면 곧 그것이 우리의 승리입니다. 나는 여러분들이 원수도 사랑하기를 바랍니다. 나라는 사람, 나의 생명은 사실 아무것도 아닙니다. 지금 내가 자신있게 말할 수 있는 것은, 내가 여기서 당장 누구에게 맞아 죽는다 하더라도 비폭력정신의 위대한 가치는 살아남는다는 것입니다."

킹의 이야기에 무리의 기세가 한층 꺾였다. 그는 계속 말을 이었다.

"비폭력정신은 간디가 가르친 것만이 아니라 우리 주 예수께서 가르치신 것이기도 합니다. 예수님은 우리에게 원수도 사랑해야 한다고 말씀하셨습니다. 오늘 이 시간에도 우리 주님은 말씀하십니다. 사랑으로 세상을 이겨야 한다고 말입니다. 선으로 악을 이기는 것이 하나님의 뜻입니다."

결국 성이 난 무리는 스스로 무기를 내려놓고 흩어졌다. 이 폭탄 테러 사건은 미국의 모든 신문을 통하여 보도되었고, 이에 세계 각처의 기자들이 몽고메리로 몰려들었다. 마틴 루터 킹은 이미 흑인 인권을 위한 운동의 상징적 인물이 되어 있었던 것이다.

~

1956년 2월 1일, 몽고메리 개선협회는 버스 안에서의 인종차별이 미국 헌법 제14조에 위배되는 것이므로 마땅히 철폐되어야 한다는 탄원서를 미국 연방 지방법원에 제출하였다. 그러자 몽고메리 시의 당국자들도 이에 맞서 마틴 루터 킹을 선두로 하여 115명의 흑인 지도급 인사들의 명단을 작성하고, 이들을 정식으로 법원에 기소하였다. 시의 교통을 불법적으로 마비시키고 있다는 혐의였다.

6월 4일, 미국 연방 지방법원은 흑인 지도자들이 제출한 탄원서를 검토하고 나서, 버스에서 인종에 따라 자리를 따로 앉게 하는 규칙은 앨라배마 주의 법을 어기는 것이라는 사실을 인정했다. 그러자 이 사건의 변호사들, 곧 몽고메리 시의 변호를 맡은 변호사들은 그 소송을 워싱턴의 대법원에 제출하였다. 이때까지도 몽고메리의 버스들은 텅 빈 채 운영되고 있었다.

그러는 사이 어느새 날씨가 추워지기 시작했다. 초겨울에 접어든 것이다. 그러나 아직까지도 대법원의 판결은 나오지 않고 있었다.

마틴 루터 킹은 점점 초조해졌다. 초조하지 않을 수 없었다. 만약 대법원에서 연방 지방법원의 인정을 뒤엎는 판결이 나오면 흑인들은 낙심할 것이 분명하기 때문이다.

11월 13일 아침, 여느 때와 다르지 않은 차가운 아침이었다. 그런데 바로 그날 기다리던 대법원의 판결이 나왔다. 연합신문사에서 마틴 루터 킹에게 다음과 같은 대법원의 판결을 알려왔다.

미국 대법원은 만장일치로 앨라배마 주의 인종차별법에 대하여 반대 결정을 내리고 그 결과를 발표한다.

마틴 루터 킹은 자리에서 벌떡 일어났다. 그리고 목이 터지도록 이렇게 외쳤다.

"하나님께서는 우리에게 승리를 주셨다!"

아내 코레타도 함께 소리쳤다.

"전능하신 하나님께서 워싱턴에서부터 말씀하셨습니다. 마틴 루터 킹의 승리를!"

두 사람은 부둥켜안고 어찌할 바를 모르고 기뻐하였다. 마침내 흑인들이 승리한 것이다. 몽고메리에서 버스 안 타기 운동을 벌인 지 1년 가까이 지나서의 일이었다. 여기저기서 흑인들의 만세 소리가 터졌다.

5주가 지난 후에야 대법원의 판결이 시행되었다. 새벽 5시 15분, 흑인과 백인들이 섞여 버스를 기다리며 길게 줄을 서 있었다. 맨 앞에는 마틴 루터 킹이 역사적인 버스 승차를 기다리고 있었다.

버스가 도착하자 방송국의 카메라가 돌아가기 시작했고, 신문기자들의 사진 플래시가 여기저기에서 터졌다. 마틴 루터 킹이 승차하는 모습은 신문과 방송을 통해 전 세계로 퍼져나갔다.

1957년 1월, 마틴 루터 킹은 화제의 인물로 주목받게 되었다.

'킹 목사는 승리의 전략가이다.'

'킹 목사는 미국의 양심이다.'

'킹 목사는 정의의 사도이다.'

신문, 라디오, 텔레비전이 마틴 루터 킹의 일을 연일 긍정적으로 보도했기 때문이다.

마틴 루터 킹은 그해 1월 28일에는 인종 문제에 있어 가장 공훈이 큰 인물에게 수여되는 스핑건 메달을 받았다. 그때까지 그 메달을 받은 사람들 가운데에서는 그가 가장 어렸다. 그럼에도 불구하고 그의 수상 연설은 수많은 청중의 마음을 사로잡았다.

〈타임〉지는 표지에 그의 사진을 크게 실었고, 첫머리를 그의 이야기로 장식하였다. 각 대학교에서도 마틴 루터 킹을 화제의 인물로 선정하여 연구 논문들을 발표하였고, 이제는 몽고메리 지역의 교회만이 아니라 미국의 전 교회가 그를 알게 되었다.

그는 영국의 식민지 지배로부터 해방된 최초의 아프리카 흑인 국가인 가나의 독립기념식장에 국빈으로 초대받는 영광도 누리게 되었다. 킹 부부는 아프리카 땅을 밟는 것이 이때가 처음이었는데, 그 감동이란 이루 말할 수 없는 것이었다.

1957년 6월, 모어하우스 대학교는 그에게 명예박사 학위를 수여하였다. 벤저민 메이스 총장은 그에게 표창장도 함께 수여하면서, 다음과 같이 말했다.

마틴 루터 킹은 하나님이 인간에게 주신 인간 존엄성과 권리를 찾기 위해 사람들을 바르게 이끄는 지도자입니다. 그는 우리 흑인들에게 사람답게 살 수 있는 자유를 찾아주기 위하여 감옥에도 끌려갔고 죽음도 두려워하지 않았습니다. 비록 그는 나의 제자였으나 이제 나는 지도자가 된 그에게 경의를 표하지 않을 수 없습니다.

대학교 시절에 마틴 루터 킹은 벤저민 메이스 총장을 이상적 귀감으로 손꼽았었는데, 이제는 도리어 메이스 총장이 마틴 루터 킹을 이상적 인물로 내세운 것이다.

이에 앞서 그해 1월 10일과 11일에는 고향 애틀랜타에 있는 에버니저 침례교회에서 큰 회의가 소집되었다. 마틴 루터 킹을 중심으로 하여 남부 10개 주의 흑인 대표자들이 한자리에 모인 회의였다.

이 모임을 통하여 남부 기독교 지도자 회의(SCLC)라는 새로운 조직이 탄생하였다. 몽고메리에서의 승리를 기점으로 하여, 흑인 전체의 인권운동을 활성화시키자는 것이 그 조직의 목표였다. 마틴 루터 킹은 초대 의장으로 선출되었다. 이렇게 하여 남부 전 도시에서도 인종차별 배척운동이 확산되었다.

마틴 루터 킹이 간디에게 비폭력 투쟁을 배워서 실천하고 있었지만 그들의 상대는 전혀 달랐다. 간디의 상대는 인도에서 멀리 떨어진 나라 영국이었고, 킹의 상대는 같은 땅에서 함께 숨 쉬며 살아가는 백인들이었다. 여전히 계속되는 차별과 차별법, 그게 옳다고 생각하는 백인들이 킹의 상대였다. 그래서 킹의 싸움은 더 위험했다.

이후부터 남부 기독교 지도자 회의는 전미 흑인 지위향상협회와 더불어 더욱 적극적인 흑인 인권운동을 벌여나가기로 하였다. 그 일의 시작으로 그해 여름에 수도 워싱턴 집회를 개최하게 되었다.

1957년 5월 17일에 집회가 개최되자 그들을 지지하는 국민들이 링컨 기념관 앞으로 구름같이 모여들었다. 약 3만5천 명이 모였는데, 그들 중 1퍼센트는 백인들이었다.

"여러분에게 마틴 루터 킹 목사를 소개합니다."

사회자가 큰 소리로 외치자 검은 예복을 단정하게 입은 마틴 루터 킹이 단상의 마이크 앞으로 올라섰다. 군중들은 일어나서 손수건과 프로그램 팸플릿을 흔들며 환호하였다.

'우리의 지도자 킹 목사'

'제2의 에이브러햄 링컨'

'정의를 위한 불굴의 투사'

이윽고 그는 입을 열었다.

"친애하는 형제 여러분 그리고 존경하는 백인 여러분, 이제 우리는 하나님의 정의를 위한 마지막 결전장에 나섰습니다."

이렇게 시작된 그의 연설은 어렸을 적부터 꿈꾸어 왔던 웅변가로서의 기량을 아낌없이 펼쳐냈다.

그는 당시의 대통령인 아이젠하워를 향해 흑인의 합법적인 권리를 위해 함께 용감하게 싸워달라고 요청했다. 그리고 의회에서 흑인의 권리를 보호할 법안을 통과시켜 달라고도 말했다. 흑인들의 권리

행사에 있어 투표권만큼 중요한 것은 없다면서 이 요구를 반드시 관철시켜야 한다고 주장하였고, 마지막으로 "우리에게 투표권을 달라!"라고 크게 외치면서 단상에서 내려왔다.

마틴 루터 킹의 연설이 끝나자 군중은 일제히 일어나서 〈아메리카〉라는 노래를 합창하였다. 그리고 이어서 일찍이 볼 수 없었던 대대적인 시위를 벌이기 시작하였다.

물론 백악관이 즉시 어떤 대답을 해준 것은 아니었다. 그러나 오래지 않아 그는 리처드 닉슨 부통령과 회담을 가지게 되었고, 다음 해에는 아이젠하워 대통령과의 면담도 이루어졌다.

1958년 6월 23일, 마틴 루터 킹은 아이젠하워 대통령을 만나기 위해 백악관으로 갔다. 이 자리에는 흑인 지도자 세 명도 킹과 동행하였다.

"제가 마틴 루터 킹입니다."

"그동안 얘기 많이 들었습니다."

대통령은 킹과 그 일행을 정중하게 맞아주었다. 자리에 앉은 후 대통령이 먼저 물었다.

"당신들의 요구 사항은 대체적으로 어떤 것입니까?"

"대통령께서 흑인들의 시민권 보호를 위해 적극적으로 정부 기관의 활동을 지시해주셨으면 합니다. 아울러 학교, 병원, 관공서 등 인종차별을 부추기는 곳은 정부가 적극적으로 나서서 막아주시기를 부탁드립니다."

마틴 루터 킹은 그 밖에 필요한 것들을 하나씩 낱낱이 말하였다. 그러자 아이젠하워가 대답하였다.

"물론 원칙 면에서 보면 킹 목사님의 말이 다 옳습니다. 그러나 오랜 관습을 하루아침에 뜯어고치기란 쉽지 않습니다. 그러니 시간을 두고 차근차근 풀어가도록 합시다. 저도 적극적으로 해결책을 찾아보겠습니다."

감격스러운 인도 여행

마틴 루터 킹은 아이젠하워 대통령이 당시 흑인들이 안고 있는 고통스러운 문제들에 대해서 그다지 적극적인 생각을 가지고 있지 않다고 생각하였다.

그렇더라도 미국의 최고 행정 권력자인 대통령에게까지 흑인들을 대변하여 직접 그 핵심 문제들을 말해두었으니 대통령이 그 문제에 대해 어떻게 대처해나가는지 기다리면서 지켜보아야 했다. 그래서 이전처럼 강하게 인권운동을 시행할 수 없어, 인권 투쟁 운동은 잠시 소강상태에 들어갈 수밖에 없었다.

마틴 루터 킹은 그사이를 이용하여 몽고메리의 투쟁을 담은《자유를 위한 위대한 행진》이라는 책을 집필하였다. 이 책은 버스 안 타기 운동을 벌이기 시작하여 마침내 성공을 거두기까지의 과정을 자세히 기록한 것이다.

1958년 가을, 그는 동족에게 큰 봉변을 당하고 말았다. 그가 사람들에게 둘러싸여 《자유를 위한 위대한 행진》 책에 사인을 해주고 있을 때, 갑자기 몸집이 큰 흑인 부인이 그에게 욕을 하며 달려들더니 작은 칼로 그의 오른쪽 가슴을 찔렀다.

너무나 갑자기 일어난 일이라 킹은 피할 수 없었다. 그는 피를 쏟으며 쓰러졌다.

"살인이다!"

"킹 목사가 쓰러졌어!"

"어서 범인을 잡아!"

킹 목사의 주위는 순식간에 아수라장이 되었다. 킹을 찌른 부인은 도망가려다가 주위 사람들에게 그 자리에서 잡히고 말았다.

"이 손 놔요! 킹 목사는 공산주의자라고요. 그래서 흑인들을 선동하는 거예요!"

사람들이 그 부인을 경찰의 손에 넘기자 그녀는 횡설수설 떠들었다.

마틴 루터 킹은 가슴에 칼이 박힌 채 병원으로 옮겨졌다. 응급처치와 외과 수술이 신속히 진행되었지만 늑골 한 부분을 제거하는 데만 세 시간이나 걸릴 정도로 대수술을 했다. 다행히 위급한 상태는 넘기고 생명을 건질 수 있었다.

칼을 휘두른 흑인 부인은 그 길로 구치소에 수감되었다. 그러나 계속해서 말도 안 되는 헛소리만 하자, 경찰들은 제정신이 아니라는 이유로 그녀를 정신병원으로 보내버렸다.

"흑인 부인이 왜 킹 목사를 칼로 찔렀을까?"

"틀림없이 백인 테러 단체의 하수인이었을 거야."

"경찰들은 그 부인이 미쳤다면서 정신병원으로 보냈다던데?"

"일부러 짜고 그러는 것인 줄 누가 알겠어."

사람들은 이 사건을 두고서 여러 가지 추측을 했으나 확실한 것은 아무것도 없었다. 그러나 한 가지 분명한 사실은, 같은 흑인이면서도 마틴 루터 킹의 인권운동을 이해하지 못하고 비난하는 무리도 있었다는 것이다.

1959년 초가 되어서야 마틴 루터 킹의 상처는 완전히 회복되었다. 그리고 다시 자유롭게 활동할 수 있게 되자 그는 인도를 방문하기로 결심했다. 그동안 인도의 네루 수상이 여러 차례 인도를 방문해달라고 요청했는데, 몸이 다 낫고 나서 그 요청을 받아들이기로 한 것이다.

마틴과 코레타 부부는 친구인 로렌스 레딕과 함께 미국에서 출발해 1959년 2월 10일이 되어서야 인도의 뉴델리에 도착했다. 마틴 루터 킹 일행이 도착했을 때는 네루 수상이 몸소 마중을 나와 있었다.

"우리나라를 방문해주셔서 감사합니다."

"아닙니다. 우리를 초청해주었으니 오히려 우리가 고맙지요. 늦게 방문하게 된 것이 죄송할 뿐입니다."

두 사람은 반갑게 얼싸안으면서 인사하였다. 마틴 루터 킹은 그 자리에서 네루와 함께 마중 나온 정부 관료들 앞에서 간단한 연설

을 했다.

나는 다른 여러 나라에는 관광객으로 갔지만 인도에는 한 사람의 순례자로 왔습니다. 왜냐하면 인도야말로 세계의 정신적 지도자인 마하트마 간디가 태어나서 불의와 싸우다가 숨진 곳이기 때문입니다. 나는 지금까지 마하트마 간디를 내 길의 거울로 삼아왔습니다.

그가 말을 마치자 모두 큰 박수로 그를 환영하였다.

이튿날 그는 뉴델리에 있는 간디의 묘에 갔다. 그에게는 참으로 감격적인 순간이었다. 생전에 한 번도 만나보지 못했지만 마틴 루터 킹은 간디에게서 배운 비폭력정신을 가지고 지금까지 흑인들의 인권을 위하여 싸워왔다. 그는 비록 얼굴은 보지 못하였지만 같은 정신으로 같은 세대를 함께 살다가 먼저 떠난 사람에게 존경을 표했다.

간디의 묘를 참배하고 있는 동안 그의 귀에는 간디가 1929년에 미국에 살고 있는 흑인들에게 보냈다는 메시지가 생생하게 들려오는 것 같았다. 그해는 마틴 루터 킹이 태어난 해이기도 하였다.

미국에 살고 있는 1,200만 흑인 형제들이여, 당신들은 노예의 후손이라는 사실을 절대로 부끄럽게 생각하지 마십시오. 당신들 조상이 노예로 살았다는 것은 결코 불명예가 아닙니다. 참으로 불명예로운 자들은 노예가 아니라 그 노예의 소유자들이기 때문입니다.

하지만 그것이 명예이든 불명예이든 과거의 일은 이제 생각하지 말기로 합시다. 미래는 진실하고 정의로운 사람들에게만 열려 있는 밝은 세계이기 때문입니다.

그 시대의 상황에서는 매우 파격적인 메시지였다. 그러나 많은 이들의 마음을 울리는 훌륭한 정신이 담긴 메시지였다.

네루 수상은 접견실에서 마틴 루터 킹에게 이렇게 말했다.

"우리 인도에는 역사적으로 오래되고 뿌리 깊은 폐단이 있습니다. 바로 계급제도지요. 그래서 천민들은 부당하게 귀족들의 압제와 횡포를 당할 수밖에 없습니다."

수세기 동안 계급사회를 형성해온 인도의 카스트제도를 언급한 말이었다. 카스트제도는 수많은 인도인들을 괴롭히는 근원인 동시에 인도의 발전에도 큰 걸림돌이 되고 있었다.

네로 수상이 말을 이어갔다.

"나는 카스트제도를 없애기 위해 그동안 얼마나 애써왔는지 모릅니다. 인도의 전통처럼 오래 이어져온 악습이기 때문에 하루아침에 그 성과를 거둘 수는 없겠지만 언젠가는 나의 노력이 결실을 거둘 것이라고 생각합니다."

"훌륭하십니다. 말씀 그대로 노력하신 만큼 좋은 결과가 있을 것입니다."

마틴 루터 킹은 네루 수상의 말에 감동받았다. 천민들의 인권을 존중해준 면도 그랬지만, 그의 태도가 미국의 아이젠하워 대통령과 비교되었기 때문이다.

인도 방문을 마치고 미국으로 다시 돌아온 마틴 루터 킹은 또다시 고통스러운 현장을 목격했다. 몽고메리 사건으로 한풀 꺾였던 인종 차별 정책이 마치 반격이라도 하는 듯 다시 활개 치고 있었기 때문이다.

남부에 살고 있는 백인들은 각처에서 흑인들에게 폭력을 저지르며 흑인의 인권과 연방 정부의 정책을 무시하고 있었다. 그래서 흑인들도 이제는 가만히 당하고 있을 수만은 없다는 태도를 취하기 시작하였다. 주로 흑인 젊은이들이 이 일에 가담했다.

상황이 이렇게 돌아가는 것을 본 킹은 자신이 앞에 나서야겠다고 판단했다. 그래서 흑인들의 인권운동에 전념하기 위하여 몽고메리 덱스터 애비뉴 침례교회의 목사직을 내려놓기로 했다.

그는 교회를 떠나며 마지막 설교를 했다.

나는 이제 멈출 수가 없습니다. 지금부터 시작입니다. 역사는 내가 피할 수 없도록 나에게 어떤 중요한 사명을 떠맡기고 있습니다. 나는 여러분에게 진정한 자유를 돌려주기 위해 이제부터 내 생명을 걸고 뛰겠습니다. 만약 내가 이 일을 해내지 못하면 하나님은 나를 크게 책망하실 것이고, 나는 역사 위에 영원한 죄인으로 남게 될 것입니다.

흑인 젊은이들 가운데에서도 특히 대학생들의 인권운동이 서서히 그 두각을 드러내기 시작하였다.

1960년 2월의 일이었다. 노스캐롤라이나에 있는 그린즈버러에서 흑인 대학생 조셉이 한 간이식당에 들어갔다가 주인으로부터 거절당했다. 이런 일은 어디서나 예사로운 것이었지만 조셉은 그대로 물러나지 않았다. 그는 처음에는 순순히 식당 주인의 말을 듣는 것처럼 보였다. 그러나 나가서는 다른 학생 세 명을 데리고 다시 들어왔다.

"이봐요, 주인 아저씨!"

"뭐야, 아니 왜 또 나타났어?"

"우리도 음식이 필요해요. 식당은 음식을 파는 곳 아닙니까?"

"너희 검둥이는 출입할 수 없다고 했잖아."

"우리는 사람이 아닌가요? 당신네와 똑같은 사람입니다."

"시비를 걸러 온 거야? 시끄러워! 당장 꺼지지 못해?"

주인은 여전히 퉁명스럽게 굴었고, 이에 흑인 젊은이들도 강하게 대응했다.

"우리에게 정당하게 음식을 팔든지, 아니면…."

"아니면 어쩔 건데? 가게를 부수기라도 할 거야?"

"아니오. 경찰에 신고해서 우리를 체포하라고 하십시오."

그러더니 흑인 대학생들은 식당 맨바닥에 그대로 털석 주저앉았다. 폭력으로 대응하지 않고 침묵으로 대응한 것이다. 흑인 젊은이들은 식당에서 거절당하면 자기들의 요구가 관철될 때까지 그 자리에 주저앉아 절대로 움직이려 하지 않았다. 일종의 침묵시위였다.

노스캐롤라이나에서 벌어진 이 작은 농성은 빠른 속도로 다른 도시로 번져갔고, 곧 남부 여러 도시에서 침묵시위가 일어나기 시작했다.

흑인들이 그런 시위를 벌일 때면 백인들은 그들에게 야유를 퍼붓기도 하고, 욕을 하기도 했으며, 옷에 케첩을 쏟거나 머리에 소금을 뿌리기도 했다. 그래도 흑인 젊은이들은 움직이지 않고 아무런 동요 없이 그대로 앉아 있었다. 물론 많은 흑인 학생들이 법을 어겼다는 이유로 체포되거나 벌금형을 받기도 했다. 그러나 학생들은 체포당하기를 겁내지 않았고, 벌금형 대신 구치소에 수감되기를 기꺼이 자원했다.

플로리다 주 탤러해시에서는 시위에 가담했다는 이유로 경찰이 한 여학생을 체포하여 구치소에 감금한 일도 있었다. 그녀의 어머니는 이 소식을 듣고 곧장 달려와 벌금을 낼 테니 딸을 풀어달라고 울면서 애원하였다.

그러자 딸이 어머니에게 말했다.

"어머니가 저를 사랑하는 것만큼 저도 어머니를 사랑해요. 그러나 어머니, 분명히 들어두세요. 어머니의 세대가 싸우지 못했고 행동하지 않았기 때문에 오늘 우리가 이런 곤욕을 겪고 있는 거예요. 저는 이런 비참한 현실을 제 자녀들에게는 물려주고 싶지 않아요. 그래서 저는 벌금 대신 구금되는 것을 선택했어요. 그러나 어머니, 저는 정말 어머니를 사랑해요."

흑인 젊은이들은 감옥에서 풀려나면 다시 시위 장소로 달려갔다. 그들의 시위 장소는 음식점뿐만 아니라 백화점, 슈퍼마켓, 극장, 도서실 등으로 널리 퍼져갔다.

1960년 한 해에만 이런 일로 체포당한 학생이 3,600명 이상이었다. 이런 농성은 점차적으로 효력이 드러나, 특히나 차별이 심했던 남부에서조차 인종차별 대우가 점점 수그러들고 있었다.

마틴 루터 킹은 흑인 학생과 젊은이들 사이에서 가장 이상적인 인물로 꼽혔고, 때로는 영웅처럼 여겨지기도 하였다.

"킹 목사님은 하나님께서 우리에게 주신 지도자다!"

"킹 목사님은 어디에서나 우리의 승리의 상징이다."

"킹 목사님이 존재하는 한 우리는 절대로 절망할 수 없다."

학생 시위자들은 스스로 '자유를 위해 달리는 사람들'이란 조직을 만들었다. 그리고 그해 4월 15일부터 17일까지 노스캐롤라이나 주의 롤리에 있는 쇼 대학교에서 첫 모임을 하기로 했다.

학생들은 마틴 루터 킹을 첫 모임의 개회 연설자로 초청했다. 킹은 연설 첫머리에서부터 비폭력운동의 가치를 강조하였다.

여러분, 비폭력운동이 제대로 성공하기 위해서는 우선 증오심부터 버려야 합니다. 왜냐하면 비폭력운동이란 철저하게 증오심부터 배제하자는 운동이기도 하기 때문입니다. 이런 운동이어야 우리 사회에 바른 정의를 세울 수가 있습니다. 여기에서 벗어난 비폭력은 또 하나의 폭력이라는 사실을 우리는 분명히 깨달아야 하겠습니다.

버밍햄의 대시위

얼마 후의 일이었다.
앨라배마 주의 당국자들은 법률을 교묘하게 이용하여 마틴 루터 킹
을 감금하려 하였다. 그들은 킹 목사가 소득세 납부에서 허위 사실
이 있다고 고발했던 것이다.

그러나 킹 목사의 변호인들은 당국자들의 주장에 속임수가 있다
는 것을 찾아내어 법정에서 반격하였다. 결국 열두 명의 배심원 모두
킹 목사에게 무죄 판결을 내렸다.

그 후 마틴 루터 킹은 또 한 차례 법률 위반이란 덫에 걸려들었다.
그가 애틀랜타의 한 백화점에서 시위를 할 때 현장에서 경찰들에게
체포를 당한 것이다. 이때 흑인 시위자 50여 명도 그와 함께 감금당
했다. 그러자 시장은 그 즉시 그에게 백화점의 물건 값을 떨어뜨렸
다는 책임을 물어 고소하였다. 그리고 법원에서는 이 고소가 정당하

다고 인정하여 그에게 4개월의 징역형을 선고하였다. 이번에는 킹 목사도 그 상황에서 벗어나지 못하고 수감되고 말았다.

애틀랜타에서 발행되는 신문들은 마틴 루터 킹에 대한 판결에 인종차별이 적용되었다면서 일제히 비난했다. 비난과 동시에 미국의 법무부 장관이 즉시 킹 목사를 석방해야 한다고 주장하였다. 하지만 대통령과 부통령은 말할 것 없고 법무부 장관도 킹의 구금에 대해서는 아무런 조치도 취하지 않았다.

1960년 10월, 부통령이었던 리처드 닉슨과 상원의원인 존 F. 케네디가 미국의 대통령 자리를 놓고서 불꽃 튀는 선거전을 벌였다. 케네디 쪽에서는 마틴 루터 킹의 일에 대하여 협조적인 태도를 취했다. 그러면서 케네디의 친동생이자 선거운동 참모인 로버트 케네디가 직접 당시의 판사를 만나서 킹의 석방을 위해 적극적으로 노력하는 모습을 보였다.

"킹 목사님이 보석으로 풀려나도록 신청할 수 있는 법률의 근거는 없습니까?"

판사는 잠시 생각한 후에 긍정적으로 대답하였다.

"법률 역시 사람이 만든 것 아닙니까. 제가 방법을 찾아보겠습니다."

얼마 후 마틴 루터 킹은 감옥에서 나왔다. 그리고 1961년 1월 20일 대통령 선거에서 존 F. 케네디가 승리했다. 그는 대통령 취임식장에서 다음과 같이 연설하였다.

나는 가난한 마을 오두막집에서 빈곤을 벗어나려고 열심히 살아
가는 사람들을 위하여 최선을 다해 도와줄 것을 약속합니다. 그것
이 바로 정의이며, 대통령인 나의 의무이기도 하기 때문입니다.

마틴 루터 킹은 그의 취임 연설을 듣고 크게 기뻐하였다. 시대가
그에게 유리하게 흘러가기 시작한 것이다. 이런 상황에 비추어 그는
생각을 굳혔다.

'그렇다. 흑인 혁명은 반드시 성공한다!'

존 F. 케네디가 대통령 자리에 앉게 된 것은 흑인들에게 큰 희망
을 가져다주는 일이었다. 케네디 대통령은 취임 첫해부터 인종 평등
의회를 만들어 국민들의 지지를 모으려고 힘쓰기 시작하였다. 그로
서는 쉽지 않았던 대통령 선거에서 승리를 얻은 데에는 흑인들의 지
지가 절대적이기 때문이기도 했다.

인종 평등 의회는 활동을 계속하였다. 그렇다고 해서 차별 문제가
해결된 것은 아니었다. 그 시기에도 버스, 화장실, 정류장, 식당 등
에서 인종차별 문제가 계속 갈등을 빚어내고 있었다.

존 F. 케네디가 대통령에 취임한 이후 마틴 루터 킹은 좀 더 적극
적인 활동을 벌이기 위하여 '흑인 민권운동 조직'을 창설하였다. 그
리고 이때부터 더욱 열심히 뛰어다녔다. 한 해에 380번의 강연을 다
닐 정도였다.

1963년 1월 1일, 미국에서 노예해방 100주년 기념 행사가 열리는 날이었다. 마틴 루터 킹은 앞으로의 흑인 인권운동에 대해 곰곰이 생각해보았다. 100년 전 1863년 1월 1일에 당시의 대통령인 에이브러햄 링컨은 다음과 같이 선언했다.

노예의 신분으로 살고 있는 모든 사람들은 지금 이 순간부터 영원히 자유의 몸이 될 것이다.

그때부터 흑인들은 노예라는 신분에서 벗어났다. 그러나 그렇다 하더라도 여전히 그들에게는 투표권이 없었고, 자유인으로 살 만한 경제적·사회적 여건도 마련되지 못했다. 이름만 자유인이었던 그들은 초라한 거처에서 살면서, 허리가 굽을 정도로 일하고 나서도 정당한 보수조차 받지 못한 채 한 세대를 살아왔다. 노예해방선언 후에도 비극적인 흑인의 생활은 좀처럼 나아지지 않았던 것이다.

마틴 루터 킹은 노예해방 100주년을 흑인 인권운동에 활기를 불어넣는 기회로 만들고자 했다.

'그렇다. 1963년을 우리 흑인들이 진정한 자유를 누릴 수 있는 첫해가 되도록 만들자.'

그즈음에 미국 안에서 흑인들이 가장 고통받고 있는 곳은 앨라배마 주의 버밍햄이었다. 버밍햄에는 여전히 '백인 전용'이라 써 있는 표지판이 공공연하게 붙어 있었다.

버밍햄 백인들은 자신들의 자녀가 다니는 학교에는 흑인 아이들을 받아들이지 않았고, 심지어는 백인들이 출석하는 교회에서조차 흑인들을 거부했다. 백인들이 다니는 상점, 병원, 음식점은 물론이고 술집까지도 백인과 흑인을 차별했다.

연방 정부가 버밍햄 시의 당국자들에게 인종차별 정책을 없애라고 지시를 내렸으나, 당국자들은 그 지시를 무시한 채 여전히 흑인에 대한 가혹한 차별 정책을 이어나갔다.

다른 도시가 다 가지고 있는 프로야구 팀을 가지지 않았던 것만 보아도 버밍햄 백인들이 흑인들을 얼마나 심하게 차별했는지를 잘 알 수 있었다. 야구 선수 중에서는 실력이 뛰어난 흑인 선수들이 많았기 때문에 일부러 프로야구 팀을 만들지 않은 것이다.

마틴 루터 킹이 이런 말을 한 적이 있을 정도였다.

"버밍햄은 미국 안에서 인종차별이라는 불의를 가장 철저하게 저지르고 있는 도시입니다."

이런 현실 때문에 마틴 루터 킹은 버밍햄을 중심으로 인권 투쟁을 벌여나가기로 계획했다. 버밍햄에서 인종차별을 없앤다면 앨라배마 주는 물론이고 남부 지방 전체에 영향을 미칠 것이 분명했기 때문이다.

1963년 4월 3일 목요일, 마틴 루터 킹의 지도 아래 마침내 버밍햄에서 투쟁이 시작되었다. 그들은 가장 먼저 상점에서 물건 사지 않기 운동을 시작했다. 몽고메리 시에서 버스 이용자 대부분이 흑인이었던 것처럼, 버밍햄에서도 소비자의 대부분이 흑인들이었다. 그래서 그들이 상점에서 생활 필수품을 사지 않으면 백인 상점 주인들의 경제적인 손실이 커질 수밖에 없을 것이고, 그렇게 되면 백인들은 흑인 차별 정책을 강하게 주장할 수 없을 것이라고 생각했기 때문이다.

물건 안 사기 운동은 몽고메리에서 벌였던 버스 안 타기 운동의 뒤를 잇는 투쟁이었다. 이 운동은 금세 눈에 띄는 결과를 보였다. 백인 상점들의 매출액이 하루 사이에 절반 정도로 뚝 떨어진 것이다.

"이거 큰일인걸."

"이렇게 나가다간 상점들이 다 문을 닫고 말 거야."

"어떻게든 해결 방법을 찾아야지."

백인 상점 주인들의 걱정은 날로 심해져갔다.

물건 안 사기 운동에 이은 그다음 투쟁은 각처에서 학생들이 했던 것과 같은 침묵시위였다. 마틴 루터 킹은 시위자들에게 절대로 폭력을 쓰지 말라고 당부했다.

"우리 가운데 한 사람이라도 폭력을 쓰기 시작하면 우리의 투쟁은 그것으로 끝나고 맙니다. 그러므로 그 누구도 돌멩이 하나라도 손에 들어서는 안 됩니다."

흑인들의 시위는 조용히 시작되었다. 어른, 아이, 남자, 여자 할 것 없이 큰 규모이든 작은 규모이든 흑인들은 줄줄이 서서 거리를 행진했다. 이를 본 어느 경찰은 초조했던지 당시 버밍햄의 치안을 담당하던 경찰 국장 불 코너를 찾아갔다.

"국장님, 지금 흑인들이 시위를 벌이고 있습니다. 어떻게 할까요? 막을 방법을 찾아야 하지 않겠습니까?"

"그래…. 하지만 내가 있는 한 그들도 별수 없을 거야."

114

불 코너는 몹시 사나운 사람이었는데, 스스로 자기를 인종차별주의자라고 말할 만큼 흑인들을 미워했다. 그래서 처음 그가 흑인들의 시위를 보았을 때는 코웃음을 쳤다.

"개미 새끼 몇 마리가 지나가는 것과 똑같구나. 별일 아닐 거야."

그러나 대수롭지 않게 여겼던 시위는 시간이 지날수록 확산되었다. 행진에 참여하는 사람들도 점점 늘어나, 이윽고 시위 행렬은 큰 무리를 이루어 온 시내를 메우기 시작했다. 얼마 후에는 도시의 중심 일대가 마비되어버렸다.

사태가 이렇게 되자 불 코너는 길길이 날뛰면서 시위 진압에 나섰다.

"곤봉을 휘둘러도 돼. 괜찮아!"

"닥치는 대로 붙잡아! 때려도 좋아."

"잡히는 대로 체포해!"

불 코너의 강한 진압 때문에 부상당하는 시위자들이 많았다. 그는 진압 경찰에 이어 경찰견까지 풀어놓았다. 그렇지만 흑인들은 용감했다. 곤봉에 맞아 머리가 터지고 경찰견에게 물려 피가 흘러도, 끌려나가고 체포를 당해도 시위는 계속 이어졌다. 아니, 시간이 흐를수록 시위에 참여하는 사람들이 더 많아졌다. 이것이 바로 몽고메리 사건에 이어 일어난 버밍햄 시위 사건이다.

시위가 점점 커지자 백인 지도층 사이에서 여러 비난들이 쏟아져 나왔다. 법적으로 해결해보려는 노력도 없이 흑인들이 너무 성급하게 시위를 감행했다는 것이다.

이런 비난들 때문에 킹을 비롯하여 애버내시, 셔틀스워즈 등 흑인

지도자들은 잠시 주춤할 수밖에 없었다. 백인들의 비난이 흑인 지도자들 사이에 혼란을 가져다주었기 때문이다. 그러면서 시위에 대한 흑인 지도자들의 의견도 조금씩 달라졌다.

마틴 루터 킹은 우선 흑인 지도자들을 한자리에 모은 후 단결을 호소했다.

"우리 지도자들의 대부분이 목사입니다. 여러분, 목사는 하나님의 사역자로서 누구보다도 정의를 실현하겠다는 정신이 투철해야 합니다. 물론 백인 지도자들 말에도 일리는 있습니다. 그러나 우리가 그들의 말에 흔들리고 마음이 약해져서 시위의 고삐를 늦춘다면, 흑인들이 자유를 찾는 날도 그만큼 늦어질 수밖에 없습니다. 그러므로 우리는 하나로 뭉쳐야 합니다. 리더십이 단결되지 않는다면 어떠한 자유도 얻지 못할 것입니다."

마틴 루터 킹의 말은 논리적이고 강력하여 그만큼 호소력 있게 다가왔다. 흑인 지도자들은 다시 한 번 마음을 다잡았다.

그해 4월 10일에는 법원에서 정식으로 시위 중지 명령을 내렸다. 시위를 계속하려면 킹 목사를 비롯하여 흑인 지도자들이 법원에 나와서 시위의 이유를 법적으로 밝히고 허가를 받아야 한다는 문서도 첨부되어 있었다.

그러나 마틴 루터 킹은 법원의 명령을 따르지 않겠다고 결정한 후, 그들이 결정한 바를 법원에 알려주었다.

미국 연방 대법원에서 만장일치로 앨라배마 주의 인종차별법에 대하여 폐지를 결정했지만 버밍햄 법원은 지금까지 그 결정을 따

르지 않았습니다. 그러므로 우리도 버밍햄 법원의 명령을 따르지
않을 권리가 있습니다.

몽고메리 사건을 통하여 얻었던 승리의 결과를 실천하지 않고 있
는 버밍햄의 현실에 대한 항변이기도 했다.

시위가 시작된 지 10일 정도가 지났다. 그사이에 체포당한 흑인들
은 500명을 훨씬 넘었다. 이에 마틴 루터 킹은 이제부터 자기가 선
두에 서서 시위대를 이끌어야겠다고 결심했다.

4월 12일, 그는 흑인 지도자들을 모은 후 그 자리에서 열변을 토
했다.

그리스도는 오늘도 우리의 자유를 위하여 죽음을 당하고 있습니
다. 그리고 오늘도 우리 중 누군가는 우리 형제들의 자유를 위하여
죽어가게 될 것입니다. 링컨 대통령이 노예해방을 선언한 지 100년
이 지났지만 우리의 손발은 아직도 묶여 있습니다. 우리는 완전한
자유를 찾기까지 시위와 행진을 계속할 것입니다. 누가 여기에서
물러서겠습니까! 자, 한 사람도 멈추지 맙시다. 그리고 우리에게
진정한 자유가 주어질 때까지 이 행진을 계속합시다.

이튿날부터 마틴 루터 킹은 선두에 서서 시위 행진을 이끌었다.
그러자 다른 흑인 지도자 50여 명도 그 뒤를 따랐다. 그날 그는 시
위에 앞서 그곳에 모인 사람들에게 말하였다.

"나는 오늘 무슨 일이 일어날지 알지 못합니다. 그리고 이 일의

결과가 어떻게 될지도 모릅니다. 하지만 그럼에도 불구하고 우리의 신념을 절대로 굽혀서는 안 됩니다. 자, 앞으로 나아갑시다!"

마틴 루터 킹이 이끄는 시위대는 교회를 출발하여 번화가에 이르러 금지 구역을 향해 행진했다. 시위대는 끝이 보이지 않을 정도로 긴 행렬을 이루었다. 정말 어마어마한 시위였다.

그들은 행진을 계속하면서 우렁차게 노래를 불렀다.

우리는 승리하리라 우리는 승리하리라
정의 하나만 가지고 우리는 승리하리라

불 코너는 번화가 반대쪽에 바리케이드를 치고, 뾰족한 못이 박힌 몽둥이로 무장한 경찰들을 배치시켰다. 그리고 손에 채찍을 든 채 팔짱을 끼고 다가오는 시위대를 매서운 눈길로 노려보고 있었다.

검은 물결 같은 행렬이 방어막에서 10여 미터 떨어진 곳에 이르렀을 때 행진은 물론이고 노래도 멈추었다. 시위자들 가운데서는 땅바닥에 그대로 무릎을 꿇고 엎드려 기도하는 이들도 있었다.

마틴 루터 킹은 단호한 표정으로 혼자 앞으로 뚜벅뚜벅 걸어나갔다. 그 모습이 얼마나 당당했는지 오히려 무장한 경찰들이 뒷걸음질을 칠 정도였다.

바리케이드에 이르자 마틴 루터 킹은 경찰들을 한번 둘러본 다음 몸을 굽혀 바리케이드를 치우기 시작하였다. 어떤 폭력도 절대로 두렵지 않다는 태도였다.

바로 그때, 불 코너가 큰 소리로 외쳤다.

"저놈을 당장 체포해!"

그러자 10여 명의 경찰들이 재빠르게 달려들어 마틴 루터 킹을 붙잡아 수갑을 채우더니, 강제로 경찰차에 태워 어디론가 사라져버렸다. 순식간에 일어난 일이었다.

불 코너는 이어 또 소리를 질렀다.

"이제 시위대 차례야. 무조건 체포해!"

불 코너의 말이 떨어지기 무섭게 경찰들이 쏟아져 나오더니 이내 시위자들을 무작정 붙잡아 끌어다가 철갑차 안에 집어넣기 시작했다. 그들의 표정은 살벌했고, 살기가 등등했다. 하지만 시위자들 가운데 그 누구도 반항하지 않았다. 그들은 체포당하기 위하여 차례로 줄을 지어 서면서 큰 소리로 외쳤다.

"차라리 우리 모두를 감옥으로 보내라! 이곳이나 감옥이나 우리에게 자유가 없기는 마찬가지다."

"우리의 권리를 빼앗을 자는 하나도 없다. 너희가 우리를 괴롭힌다 해도 우리의 권리는 우리의 것이다."

"정의는 죽음보다 더 강하다. 어서 우리를 죽여라."

흑인들이 이렇게 나오자 당황한 쪽은 백인 경찰들이었다. 그러자 불 코너마저 태도를 바꾸어 부드러운 음성으로 흑인들을 달래기 시작했다.

"이 정도면 충분해. 그러니 이제 조용히 돌아가라."

하지만 누구 하나 움직이는 사람은 없었다.

감옥에서 보내는 편지

　　　　　　마틴 루터 킹은 지금 갇혀 있는 곳이
어디인지도 알 수 없었다. 그는 초조한 마음이 들었다.

'시위대는 어떻게 되었을까? 내가 체포당한 일 때문에 혹시 버밍
햄에 살고 있는 흑인들의 사기가 떨어지지는 않았을까? 일이 앞으
로 어떻게 돌아갈까?'

여러 생각들이 끊임없이 그의 머릿속을 떠돌았다. 며칠 전 네 번
째 아이를 낳은 아내 코레타도 떠올랐다.

'내가 체포당했다는 소식을 들으면 코레타는 또 얼마나 걱정할
까?'

그때 킹의 아내는 아이들과 함께 애틀랜타에 있었다. 남편의 체포
소식은 금세 아내에게도 전해졌다. 다른 때 같으면 체포를 당했어도
서로 전화 연락 정도는 할 수 있었는데, 이번에는 어쩐 일인지 아무

런 연락이 없는 데다 경찰은 그녀의 전화 요청도 거절했다.

'그 사이에 남편이 죽은 것은 아닐까….'

코레타가 이렇게 생각한 것은 무리가 아니었다. 그만큼 버밍햄 시위는 규모가 컸고, 마틴 루터 킹의 역할도 컸던 것이다.

그날 저녁, 불 코너는 현장에서 붙잡은 시위자들을 모두 돌려보내라고 지시했다. 그러나 단 한 사람, 마틴 루터 킹만 깊은 곳에 가두어 두라고 했다. 그래서 킹은 가장 어두운 감방 안에서 아무도 만나지 못한 채 혼자 지내야만 했다. 인기척이라곤 간수가 식사를 가져다줄 때뿐이었다.

마틴 루터 킹이 감옥에 갇혀 있는 동안에도 버밍햄에서는 시위가 한참이었다. 백인 목사들은 성명을 발표했고, 이것이 곧바로 신문에 실렸다.

'킹 목사는 흑인들이 망상에 사로잡히게 만들고 있다. 그들도 인간답게 살 권리가 있다는 것은 우리도 인정하는 바이다. 그러나 그런 권리를 찾기 위해서는 인내하면서 기다려야 하고, 자신들의 의사를 서서히 표현해야 한다. 이렇게 갑자기 도시를 뒤덮을 정도로 거리로 쏟아져 나오는 것은 참으로 성급한 일이 아니겠는가!'

감방에 홀로 갇혀 있던 마틴 루터 킹은 그 신문을 보고 마음에 상처를 받았다. 그러나 속상해하고 있을 수만은 없었다. 그는 호주머니를 뒤지고 감방 구석구석을 뒤져 종잇조각을 모아 긴 편지를 썼다. 훗날 '버밍햄 감옥에서 보내는 편지'라고 불리는 글이다.

몇 해 전부터 계속해서 참고 기다리라는 말을 들어왔습니다. 하지

만 우리는 지금까지 300년 이상을 기다리고 또 기다려왔습니다. 다들 잘 알고 있다시피 아시아와 아프리카의 여러 나라들은 빠른 속도로 정치적 독립을 이룩하였고, 지금은 발전과 번영을 위하여 역시 빠른 속도로 전진하고 있습니다. 그런데 우리는 아직도 음식점에서 백인들과 더불어 물 한 잔을 나누어 마시고 싶어서 투쟁하고 있습니다.

기다리라고 말 한마디 하기는 쉽습니다. 그러나 여러분의 아버지와 어머니가 수시로 고문을 당하고, 여러분의 형제자매가 인종차별이라는 굴욕을 이기지 못하여 강물에 몸을 던지는 광경을 목격한다면, 여러분은 왜 우리가 기다리라는 말을 힘겨워하는지 알게 될 것입니다.

여러분의 형제인 우리 흑인들은 여러 세기 동안 아무런 죄도 없이 증오심으로 가득 찬 경찰관들에게 매를 맞고, 심지어는 비참하게 죽어가기까지 했습니다. 미국 사회는 풍요롭지만, 우리 2천만 흑인들은 빈곤에 시달리고 있고 어두운 감옥 안에서 지금 나처럼 숨이 막혀 죽어가고 있습니다.

생각해 보십시오. 만약 당신들이 흑인이라면, 여러분의 여섯 살 난 딸이 나는 왜 공원에 놀러 갈 수 없느냐고 묻고, 나는 왜 백인 아이들과 함께 공부할 수 없느냐고 물을 때 어떻게 대답하겠습니까? 게다가 흑인이기 때문에 언제 들이닥칠지 모를 불행에 대하여 밤낮 불안에 떨고 있어야 할 처지를 생각해 보십시오. 여러분은 우리가 어찌하여 더 기다리기를 힘들어하는지 알게 될 것입니다.

코레타 킹은 그때까지도 남편에 대하여 아무런 소식을 듣지 못하고 있었다. 불 코너가 킹 목사에게 가혹한 고문을 한다는 소문까지 떠돌고 있었다.

코레타는 더 이상 견디지 못하고 백악관으로 직접 전화를 걸었다.

"케네디 대통령과 통화를 하고 싶습니다."

"누구신가요?"

"킹 목사의 아내인 코레타 킹입니다."

"아, 그러신가요. 대통령께서는 지금 자리에 안 계십니다. 들어오시는 대로 연락을 드리라고 말씀드리겠습니다."

급한 마음에 지푸라기라도 잡는 심정으로 백악관으로 전화를 걸었으나 그 시간에 대통령은 자리에 없었다. 코레타의 마음에 절망의 어둠이 스며들었다.

그런데 잠시 후에 전화벨이 울렸다.

"여보세요."

"안녕하십니까, 킹 부인. 조금 전에 백악관으로 전화하셨죠?"

"네, 그렇긴 한데, 누구신가요?"

"법무부 장관 로버트 케네디입니다."

로버트 케네디는 대통령의 친동생이자 법무부 장관이었는데, 뜻밖에 그로부터 전화가 걸려온 것이다. 코레타 킹은 지금 남편이 어떤 형편에 처해 있는지를 그에게 알려주었다. 그러면서 지금 남편이 어디에 있는지, 어떤 일을 당하고 있는지조차 몰라 답답한 심정도

털어놓았다.

로버트 케네디는 코레타의 이야기를 다 듣고 나서 그녀를 안심시키며 이렇게 말했다.

"너무 걱정하지 마십시오. 킹 목사님의 안전을 위해 최선을 다하겠습니다. 아무리 경찰이라고 하더라도 함부로 법에 어긋난 행동을 할 수는 없을 것입니다."

이런 대답을 듣고 나니 코레타도 한결 마음이 놓였다.

다음날 아침, 코레타는 밤사이에 혹시 무슨 소식이라도 있었는지 궁금해서 애버내시 목사에게 전화를 걸기 위해 수화기를 들었다. 그런데 전화는 걸리지 않고 이상한 소리가 들렸다. 아들이 다른 방에서 수화기를 가지고 놀고 있었던 것이다. 킹 부인은 아이들에게 수화기를 내려놓게 한 뒤 다시 전화를 하려고 했다. 그런데 그 순간 전화가 걸려왔다.

"여보세요?"

"누구신가요?"

"이제 통화가 되는군요. 대통령께서 30분 전부터 부인과 통화하려고 기다리고 계셨습니다. 그런데 계속 통화가 안 되더군요."

"아, 미안합니다. 아이들이 전화기를 가지고 놀았어요."

"괜찮습니다. 그럼 잠시만 기다려주십시오."

킹 부인은 수화기를 들고 잠시 기다렸다. 그랬더니 전화기에서 케네디 대통령의 목소리가 또렷하게 들려왔다.

"킹 부인입니까? 저는 존 F. 케네디입니다."

"예, 대통령 각하."

"어제저녁에 전화를 드리지 못하여 죄송합니다."

"아닙니다. 제가 급한 마음에 그리로 전화를 걸어서 오히려 미안합니다."

대통령은 킹 부인의 고민이 해결되었다고 말했다.

"법무부 장관에게서 킹 목사님의 얘기를 잘 들었습니다. 아까 버밍햄 사람들과도 통화했는데 킹 목사님은 잘 계신다고 합니다. 그래서 즉시 목사님을 석방하라고 특명을 내렸습니다. 이제 곧 남편과 만나게 될 것입니다."

코레타 킹은 대통령에게 감사 인사를 하고 전화를 끊었다. 이제 마음 편하게 남편을 기다릴 수 있게 되었다.

아무리 경찰 국장이 인종차별주의자라고 하더라도 관직에 있는 이상 대통령의 지시를 무시할 수는 없었다. 그리고 마침내 그날 마틴 루터 킹은 체포된 지 4일 만에 풀려났다.

마틴 루터 킹이 풀려나던 날, 학생들을 중심으로 하여 젊은이들이 대대적인 시위를 벌이기 위하여 준비하고 있었다. 이들은 다 함께 교회와 학교에서 비폭력운동의 정신을 철저히 배웠고, 올바른 정의감에 대한 확고한 의식이 불타고 있었다. 이런 젊은이들의 항거는 더욱 강력한 힘이 있었다.

이 소식을 전해 들은 킹은 무척 기뻤다. 자신이 앞에서 이끄는 것도 좋지만 언젠가부터는 젊은이들이 나서서 시위를 하고 이끌어야 한다고 생각했다. 인권 평등이 자신의 세대에서 이루어지지 않으면 그다음 세대가 이어가야 하기 때문이다.

버밍햄에 살고 있던 흑인 젊은이들은 미국의 민권운동 사상 가장 중대한 사건을 만들어냈다. 바로 5월 2일에 대대적인 시위를 벌인 것이다.

"젊은이여 일어나라!"

"우리가 죽으면 자유가 죽는다!"

"마지막 피 한 방울까지도 자유를 위하여 바치자!"

그들은 소그룹으로 나누어 교회에서 시청에 이르기까지 차례로 계속해서 행진했다. 선두 그룹이 체포를 당하면 그 뒤의 그룹이 이어서 행진하기 위해서였다. 대규모의 시위가 벌어진 그날, 체포당한 젊은이는 1,000명 정도 되었다.

물론 킹도 이 시위에 가담하여 흑인들을 이끌었다. 그의 투지는 그 누구도 꺾을 수 없었다. 그러는 가운데 사람들의 눈은 더욱 그에게 쏠렸다. 케네디 대통령이 직접 나서서 그를 석방시킨 것이 알려진 데에다 그가 쓴 '버밍햄 감옥에서 보내는 편지'가 전문 그대로 신문에 실려 보도되었기 때문이다.

그런 영향으로 흑인들의 투쟁에 함께하는 백인들이 늘어났다. 각처에서 많은 백인 목사와 사제들, 백인계 율법학자들이 버밍햄으로 와서 흑인 젊은이들과 함께 행진했다. 그들의 손에는 성경이 들려 있었다.

"우리는 자유를 원한다."

"불의는 물러가라."

"최후의 승리는 우리 것이다."

백인들의 참여로 흑인 젊은이들의 사기는 높아만 갔다.

백인 경찰들의 만행

시위대의 규모가 커지고
참여하는 사람들이 점점 늘어나자, 버밍햄 경찰들도 시위를 막는 데
온 힘을 기울였다. 그러면서 더 폭력적이고 강력한 대응을 했다.

5월 3일은 시위대와 경찰의 충돌이 가장 심했던 날이다. 물론 이
날의 시위도 침묵으로 시작되었고, 끝까지 평화로운 가운데 행진하
며 시위를 마칠 계획이었다. 그러나 불 코너는 예상하지 못했던 강
한 대응으로 시위대를 맞이했다. 그는 이성을 잃은 것처럼 날뛰었
다. 날이 갈수록 줄어들기는커녕 늘어나기만 하는 시위대의 규모 때
문이었다. 시위대에는 어린아이들도 있었다.

"빨리 해산하라. 그렇지 않으면 무력을 사용하겠다."

그는 구름같이 밀려드는 시위자들을 향하여 크게 소리를 질렀다.
그렇다고 하더라도 시위대의 태도는 변함이 없었다. 그는 이윽고 경

찰들에게 명령했다.

"어서 물을 내뿜어. 검둥이들이 모두 날아가도록!"

그러자 대기하고 있던 여러 대의 소방 호스에서 세차게 물이 뿜어 나오기 시작했다. 수압이 얼마나 센지 성인 남자도 이 물을 맞고는 서 있지 못하고 쓰러졌고, 약한 아이들이나 여자들은 멀리 날아갔다.

"어푸, 어푸."

"크으윽."

여기저기에서 비명이 터져 나왔다. 그러나 앞에 서 있던 시위자 들은 길바닥에 바짝 엎드린 채 한 발짝도 물러설 수 없다는 태도를 보였다. 불 코너는 잠시 가쁜 숨을 몰아쉬더니 곧 두 번째 명령을 내렸다.

"개들을 풀어라. 검둥이들을 물어뜯어!"

명령이 떨어지자마자 크고 사나운 경찰견들이 긴 혀를 늘어뜨리 고 침을 흘리며 차 안에서 쏟아져 나왔다. 경찰견들은 곧바로 시위 대를 향하여 달려가서 닥치는 대로 물어뜯기 시작했다.

캉캉캉.

컹컹컹.

사나운 경찰견은 맹수와 다를 바 없었다. 곳곳에서 개한테 물려서 쓰러지거나 피를 흘리는 사람들이 생겨났고, 계속 쏘아대는 물대포 에 살갗이 찢어진 이도 이미 여럿이었다. 시위대는 어쩔 수 없이 뒤 로 밀려나야만 했다. 그러자 경찰들은 기세가 등등하여 더 큰 소리 로 외쳤다.

"검둥이들이 도망친다!"

"개만도 못한 놈들이야."

"도망가는 모습을 보라지. 참 꼴불견이야."

시위자들은 처음에 출발했던 교회 언덕까지 밀려났다. 바로 이때였다. 흑인 젊은이 무리가 어디서인지 칼과 총, 몽둥이를 들고 나타났다. 그들은 경찰들과 맞붙었다. 무저항, 비폭력 투쟁을 하는 약자에게 폭력으로 피를 흘리게 하는 경찰들을 본 그들이 이성을 잃고 만 것이다.

흑인 젊은이들과 경찰들은 서로를 향해 벽돌과 돌멩이, 병을 던지기 시작했다. 최악의 사태를 피하기 위하여 총기는 사용하지 않았지만 그들이 충돌하는 모습은 전쟁터를 연상시킬 만큼 치열했다.

그런 상황 속에서도 셔틀스워즈 목사는 목이 터지도록 비폭력을 호소하였다. 그 순간이었다. 그는 그를 향해 쏜 물줄기에 맞아 담벼락으로 나가떨어지고 말았다. 그는 상처를 입고 앰뷸런스에 실려 병원으로 옮겨졌다. 흑인들은 더욱 분노했고, 백인들은 상대 지도자가 다쳐서 병원에 갔다는 승리감에 젖어 더욱 흥분했다.

"모두 죽여라!"

"절대로 물러서지 마라!"

이런 충돌은 두 시간 이상 계속되었다. 앨라배마 주지사는 불 코너를 돕기 위해 경찰 600명을 버밍햄으로 파견했다. 경찰의 수가 늘어나자 가까스로 충돌이 진정되었지만 부상자가 너무 많았다.

이번 일은 그냥 넘어갈 사건이 아니었다. 백인이든 흑인이든 감정적으로 대치하고 있어 언제 또 그런 폭력 사태가 일어날지 모르는 노릇이었다.

로버트 케네디 법무부 장관은 연방 정부의 관리를 보내서 버밍햄 시장과 흑인 대표를 만나 타협하도록 도우라고 했다. 그러나 너무나 오랜 세월 동안 근본적인 해결 없이 대립만 하고 있었기 때문에 협상이 쉽지 않았다.

만약 당시의 미국 정부가 중앙집권체제였다면 흑백 갈등 해결이 조금 더 쉬웠을지도 모른다. 그러나 연방 정부가 있다고 해도 각 주마다 다른 법률 체계를 갖고 있기 때문에, 흑인 차별 문제에 대해서도 연방 정부가 개입해서 해결하기란 쉽지 않았다. 아무리 대통령이라고 하더라도 권력에는 한계가 있었다.

마틴 루터 킹은 그날 저녁에 교회로 모인 흑인들에게 이렇게 말하였다.

"여러분, 전 세계의 시선이 지금 이곳 버밍햄에 집중하고 있습니다. 그러므로 우리는 백인들이 어떤 만행을 저지르더라도 반드시 견디고 이겨냅시다. 그들이 우리의 조건을 들어줄 때까지 투쟁은 계속되어야 합니다. 기필코 자유를 찾읍시다."

전 세계의 5월 4일자 신문들은 일제히 전날에 일어난 버밍햄 사태를 보도하였다. 그리고 소방 호스의 물줄기에 튕겨나가는 흑인들의 모습, 경찰견이 달려들어 물어뜯는 사진까지 실어 크게 보도했다.

모스크바의 〈프라우다〉 신문은 백인 경찰 네 명이 흑인 여자 한 명에게 달려들어 몽둥이질을 하는 사진을 톱기사로 싣고는 '미국은 자유의 나라' 라는 제목을 덧붙여서 그들의 행태를 비꼬았다.

미국은 물론 전 세계가 이 끔찍한 사건을 알고 깜짝 놀랐다. 비폭력 투쟁에 이렇게까지 대응할 필요는 없었다는 것이 전반적인 평가였다. 버밍햄에 살던 백인들 가운데에서도 불 코너의 행동을 못마땅하게 여기는 이들이 있었다.

"이건 지나친 행동이었어."

"어떻게 경찰견까지 풀어놓을 수 있지? 흑인들은 평화롭게 시위를 하고 있었잖아."

"우리가 백인이라는 것이 부끄러웠던 적은 이번이 처음이야."

이번 사건 때문에 상처입고 부상당한 것은 흑인이었는데, 오히려 백인들이 패배했다는 분위기였다. 이 사건을 통해 양심 있는 백인들은 흑인들도 인간답게 살 권리가 있다는 데에 동조하기 시작했기 때문이다.

백인 경찰들의 그런 만행은 전 미국인들의 가슴에 수치와 슬픔과 실망을 안겨주었다. 그리고 전 세계에서 버밍햄을 향해 비난을 쏟아내고 있었다.

그날 밤 케네디 대통령은 국영방송을 통하여 극적인 담화문을 발표했다. 아니, 그것은 담화문이라기보다 미국 내 백인들의 양심을 겨냥한 날카로운 채찍이었다.

백인 여러분, 우리 가운데 피부 색깔을 바꾸어 볼 사람이 혹시 있습니까? 아니, 우리 가운데 어느 누구라도 우리와 다른 인종의 입장에 서서 잠시나마 그 처지를 생각한 사람이 있습니까? 전 세계는 우리 미국을 가리켜 자유의 나라라고 말하고, 우리도 그 말에 자부심을 느끼고 있습니다. 그런데 그런 자유가 흑인들과는 아무런 상관이 없단 말입니까? 우리가 흑인들에게서 인권을 빼앗고 그들을 짓밟는 것이 자유입니까? 그런 행동은 결국 백인들만 인간이고 흑인들은 인간이 아니란 말과 같습니다. 만약 우리의 이런 만행이 계속된다면 우리는 결코 참된 자유인이 될 수 없습니다. 나는 분명하게 말합니다. 곧 백인과 흑인에게 동등한 시민권을 인정하는 민권 균등법안을 의회에 제출할 것입니다.

더 이상의 충돌을 막기 위해서 버밍햄 시 당국자들도 흑인들의 요구를 들어주지 않을 수가 없었다. 사실 그사이에 시장 경제도 큰 타격을 입고 있었다.

5월 3일의 폭력 사태 이후에 마틴 루터 킹은 버밍햄 시의 당국자에게 이렇게 선언하였다.

"만약 당신들이 우리의 요구를 들어주지 않는다면 우리의 비폭력 시위는 영원히 끝나지 않을 것입니다. 혹시라도 앞으로 사태가 커진다면 그 책임은 모두 당신들에게 있다는 것을 분명히 알아야 할 것입니다."

궁지에 몰린 백인들은 흑인들과 타협할 수밖에 없었다. 따라서 흑인들과 백인들 사이에 타협점을 만들었고 서로 합의하기에 이르렀다. 백화점과 음식점 등 공공장소에서의 인종차별을 없앨 것, 흑인에게도 백인과 똑같이 대우받는 일자리를 제공할 것, 구속된 흑인들을 즉시 석방하고 문책하는 일 멈추기, 백인에게 유리하게 되어 있는 상가의 독점권을 없앨 것 등이었다.

물론 그 후에도 흑인들을 못마땅하게 여기는 백인들의 테러가 계속되었지만 대세를 바꾸어 놓을 정도의 큰 사건들은 아니었다. 그리고 마침내 버밍햄의 흑인들에게도 빛이 비치기 시작했다. 마틴 루터 킹이 주장한 대로 폭력을 쓰지 않고 투쟁한 덕분에 얻어낸 값비싼 대가를 치른 결과였다.

버밍햄에서의 투쟁은 여기에서만 머물지 않고 점점 더 퍼져서 어느새 국가 전체적인 인권운동으로 번져나가고 있었다. 대단한 영향력이었다.

마틴 루터 킹은 이제 전국으로 다니면서 인권운동을 위한 연설을 하였다. 시카고, 디트로이트, 로스앤젤레스 등등 가는 곳마다 시민들이 몰려들어 그의 연설을 귀담아들었다.

케네디 대통령도 흑인들의 요구에 대하여 특별한 관심을 보였다. 그는 앞서 담화문의 약속대로 흑인들의 지위향상에 도움이 되는 법안들을 하원에 제출하였다. 그 법안에는 흑인의 선거권, 평등 고용권 그리고 모든 기관에서의 차별 금지 등이 담겨 있었다.

그 후에 케네디 대통령은 다시 한 번 담화문을 발표하였다.

링컨 대통령이 노예해방을 선언한 지 100년이 지났지만 아직도 그들의 자손은 완전한 해방을 맞이하지 못했고 자유를 얻지 못하고 있습니다. 그들은 아직도 불의의 고통을 겪고 있습니다. 자유와 희망이 있다는 이곳에서 자유와 희망을 누리지 못하는 사람들이 남아 있는 한 우리 미국은 진정한 복지국가일 수가 없습니다.

케네디 대통령의 흑인 인권 법안 제출과 두 번째 담화문은 미국에 살고 있는 흑인들에게 더욱 용기를 불어넣어 주었다. 그리고 이로써 그동안 묵살당해 왔던 흑인들의 권리가 서서히 회복되기 시작했다.

미국 안에 살고 있는 흑인 지도자들은 대통령의 입장을 지지하고 격려하기 위하여 워싱턴에서 대대적인 행진을 하자고 결정하였다. 이런 준비를 지켜보던 워싱턴 시의 한 관리는 이렇게 말하였다.

"그들은 마치 노르망디에서 결전의 그날을 준비하고 있는 것과 같았다."

1963년 8월 28일, 수십만 명의 흑인들이 자유의 대행진을 하기 위해 워싱턴을 향하고 있었다. 그들은 의기양양한 모습으로 노래를 부르며 한곳에 모여들었다. 그들 대부분은 북부의 여러 산업 도시에서 살고 있는 흑인들이었고, 미시시피와 앨라배마의 농장에서 온 농부들, 캘리포니아에서 온 노동자들, 그리고 뉴욕과 보스턴에서 온 학생들도 있었다. 흑인만 모인 것은 아니었다. 종교가 같은 이들만 모인 것도 아니었다. 백인과 흑인, 가톨릭과 개신교 신자들 모두가 한마음으로 모였다.

"이제 인종차별의 깊은 뿌리를 뽑아버리자."

"우리가 미국의 정의를 이룩하자."

"이 땅의 비극은 모두 끝났다."

모두 결의가 넘치는 얼굴들이었다.

이번 대행진을 맨 처음 제안한 것은 마틴 루터 킹을 비롯한 몇몇 흑인 지도자들이었다. 그중에서도 필립 랜돌프는 노동조합 집행위원회의 유일한 흑인 위원으로서 민권운동에 상당한 경력을 가지고 있던 사람이었다.

사실 버밍햄 시위 사건은 전 미국인들의 양심을 파고들었으며, 이제까지 억압만 당하던 흑인들에게는 커다란 희망을 던져준 사건이었다. 그리고 이런 분위기가 결국 워싱턴 대행진을 벌이도록 만든 것이다.

워싱턴 대행진의 계획이 처음으로 알려졌을 때, 미국 안의 모든 인권운동 단체들은 이 계획을 지지하고 동참했다. 또한 흑인 지도자들은 백인 지도자들에게 이번 행진에 함께하자고 호소하였다.

"여러분도 이 행진이 참여해주셨으면 합니다."

"이 투쟁은 백인에 대한 흑인의 투쟁이 아니라 불의에 대한 정의의 투쟁입니다."

"우리는 지금 미국이 자유국가가 되느냐 마느냐 하는 운명적인 갈림길에 서 있습니다."

이런 호소는 다행히 좋은 호응을 받았다. 유력한 산업 연맹들과 종교를 초월한 대표자들이 각지에서 힘을 더했고, 거액의 지원금들이 속속 들어오는가 하면, 여러 도시의 시장들은 워싱턴 행진이 벌어지는 날을 휴일로 지정해주었다.

사람들이 많이 모이면 감정이 폭발할 가능성이 높았다. 그래서 대행진의 지도자들은 철저하게 평화적인 행진이 되도록 참여하는 사람들에게 당부를 거듭했다.

워싱턴 시 당국도 이날을 위하여 여러 대책을 준비해두었다. 혹시 있을지도 모르는 무질서와 혼란을 막기 위해 거리마다 경찰을 배치했고, 만약의 사태에 대비하여 군대까지 동원하여 요소요소에 배치하였다.

그 밖에도 시 당국은 행진하는 사람들이 목이 마를 때 충분히 물을 마실 수 있도록 거리마다 분수식 수도꼭지를 설치하였고, 여러 군데에 응급 진료실을 대기시켜 도중에 상처가 나면 치료할 수 있도록 배려했으며, 일사병이나 심장마비 등을 대비하고 긴급하게 외과 수술까지도 받을 수 있도록 준비하였다.

이렇듯 워싱턴 시에서 철저하게 준비를 해준 만큼 대행진의 지도자들도 철저하게 준비를 했다. 그들은 2,000명이라는 많은 인원을 리더로 삼아 행진 대열을 조직하고, 이번 행진이 평화의 행진이 될 수 있도록 철저하고 꼼꼼하게 계획했다.

워싱턴 대행진

워싱턴의 날씨는 무척 맑고 깨끗했다. 수요일인데도 불구하고 워싱턴 시에서 그날을 휴일로 선포했기 때문에 시 전체가 마치 휴일 같은 분위기였다.

오전 9시, 행사 시작까지는 아직 두 시간이나 남았는데도 워싱턴 기념비 앞에는 벌써 9만 명이 모여 있었다. 한 시간 후에는 인원이 배 이상으로 늘었다. 버스와 기차가 계속해서 워싱턴으로 밀려들었는데, 거기에는 행진에 참여하기 위해 뉴욕, 시카고, 버밍햄, 디트로이트 등에서 온 사람들로 가득했다.

엄청난 수의 사람들이 모여 있었지만 비교적 차분하고 조용한 분위기였다. 시끄러운 소리가 있었다면 남부 내륙지방에서 올라온 10대의 청소년들이 기차에서 내리면서 부르는 노랫소리뿐이었다. 그들은 자유와 승리에 대한 노래를 힘차게 불렀다.

모여 있는 사람들은 누가 시킨 것도 아닌데 스스로 기도하고 있었다.

"주님, 오늘 행진에서 당신의 거룩한 뜻을 이루소서. 우리가 오늘을 자랑스러운 날로 만들 수 있도록 도와주소서."

이윽고 시간이 되어 행진이 시작되었다. 목적지는 백악관 근처에 있는 링컨 동상이 서 있는 광장이었다. 그곳에 행렬이 도착하면 지도자들이 백악관으로 들어가서 대통령과 면담할 예정이었다.

대열의 맨 앞에서는 녹색 베레모를 쓰고 노란색 상의와 초록색 바지를 입은 악대가 음악을 연주하며 전체를 이끌었다. 첫 번째의 행진 대열은 다른 행진자들이 따라올 수 있도록 걸음을 조절하면서 걸었고, 계속하여 "자유, 자유, 자유"라고 구호를 외쳤다. 이처럼 자발적으로 질서 정연하게 움직이는 사람들을 보면서 마틴 루터 킹은 정말 기뻤다.

'그렇다. 이 땅의 정의는 사람의 힘으로 이루어지는 것이 아니다. 하나님의 섭리가 아니라면 어떻게 이런 일이 가능하겠는가.'

행진의 물결이 워싱턴 시가지를 덮었다. 정의를 위한 행진 대열은 워싱턴 중심지를 가로질러 흐르는 포토맥 강가를 따라 4킬로미터나 이어졌다. 행진이 계속되는 가운데 목적지인 링컨 기념관 광장에는 이미 25만여 명이 모여 있었다. 잠시 후에 있을 연설을 듣기 위해서였다.

사람들이 시내를 행진하는 동안 곳곳에서 백인 테러 단체들이 대열을 공격할 기회를 엿보기도 했다. 그러나 실행으로 옮기기는 힘들었다. 경찰들이 행진 대열의 양쪽에 서 있었던 데다 행진하는 인원

이 워낙 많아서 공격할 엄두조차 낼 수 없었기 때문이다.

"어디서 어떻게 공격해야 할까?"

"분하지만 이번에는 포기해야겠어."

그들은 기회만 엿보다가 포기하고 돌아섰다.

흑인 지도자들이 백악관에서 케네디 대통령을 만나고 있는 동안, 거대한 군중은 광장에서 지도자들을 기다리고 있었다.

"안녕하십니까. 마틴 루터 킹입니다."

"반갑습니다. 자, 자리에 앉으시죠."

백악관에서의 면담은 한 시간 남짓 계속되었다. 흑인 지도자들과 케네디 대통령은 민권 균등법안이 의회에서 통과되고 나면 어떤 일들이 일어날 것인가에 대한 전망을 이야기하였다. 그리고 흑인에 대한 인권이 완전히 보장되려면 더 많은 입법이 필요하다는 이야기도 나누었다. 흑인 지도자들은 케네디 대통령에게 흑인도 공정한 일자리를 얻을 수 있도록 추천하는 것과 지방 의회에서도 정의로운 시민권을 행사할 수 있도록 연방 정부가 주도해줄 것을 요청하였다.

이야기가 어느 정도 마무리되자 케네디 대통령이 말했다.

"당신들의 신념은 대단합니다. 그리고 당신들의 요청은 우리 미국 정부가 추구하고 있는 민주적인 정신과 같은 길을 걷는 것이기도 합니다. 나는 앞으로 당신들의 투쟁에 적극 협조하겠습니다. 여러분에게 하나님의 도우심이 있기를 바랍니다."

지도자들은 링컨 기념관의 광장으로 돌아왔다. 그리고 한 사람씩 군중을 향하여 연설하기 시작하였다.

맨 처음 연단에 오른 사람은 랜돌프였다.

"우리의 인권운동은 법률적이기에 앞서 도덕적인 문제입니다. 그러므로 이 운동은 도덕 혁명이요, 우리는 그 전위대입니다."

이어 베이어드 러스틴이 외쳤다.

"오늘의 대행진은 끝이 아니라 이제 시작이어야 합니다. 그리고 우리의 함성도 여기서 그쳐서는 안 되며, 각자 자기의 삶터로 돌아가서도 계속 울려 퍼지도록 해야 합니다."

군중 가운데에는 밤을 새워 워싱턴으로 온 사람들도 있었고, 이미 장시간 행진을 하고 기다리는 바람에 지친 사람들도 있었다. 더러는 그 자리를 떠나는 사람도 있었지만 대개는 자리를 지키고 연설을 들으며 마음 깊이 투쟁의 정신을 새겼다.

흑인 가수 잭슨은 순서에 따라 마이크 앞으로 나와서 열창했다. '나는 비난받고 조롱을 받았지'라는 흑인영가를 불렀는데, 그 목소리에는 수세기 동안 억눌려온 억압의 고통과 슬픔이 담겨 있었다. 그의 노래는 사람들의 마음 깊숙한 곳까지 감동시키는 울림이 있었고, 사람들이 그 뒤에 이어질 연설에 귀를 기울이게 하는 힘도 있었다.

노래가 끝난 후 마틴 루터 킹이 연단에 올랐다. 군중들은 열렬한 함성으로 그를 환영했다. 그가 연설을 시작하자 환호하던 소리가 잦아들며 금세 조용해졌고, 카메라가 계속해서 돌아가며 그의 연설을 담았다.

나에게는 꿈이 있습니다. 조지아의 붉은 언덕에서 노예의 후손들과 그 노예를 부렸던 자들의 후손들이 사랑을 나누면서 식탁에 함께 둘러앉는 것입니다. 그 꿈은 곧 야만성과 억압으로 가득 찬 미시시피 주가 자유와 정의의 땅으로 변화될 것을 희망하는 것이기도 합니다. 이것은 언젠가는 앨라배마의 흑인 어린이들이 백인 어린이들과 함께 손을 맞잡고 형제자매처럼 뛰어노는 때가 오기를 희망하는 꿈이기도 합니다. 나에게는 꿈이 있습니다. 내 아이들이 피부색이 아닌 인격으로 평가받는 나라에서 살아가는 것입니다. 지금은 불가능한 것처럼 보이지만, 이것은 반드시 실현되어야 할 희망입니다.

'나에게는 꿈이 있습니다.'

군중들은 이 말을 계속 되뇌면서 서로의 얼굴을 바라보았다. 오래전에 잃은 줄 알았던 꿈과 희망이 그들 사이에서 다시 살아나면서, 언젠가 그 꽃을 피우고 열매 맺을 것을 소망했다. 잃어버렸던 꿈과 희망을 다시 찾은 기쁨이 그들의 얼굴에 번져 나갔다.

마지막으로 킹은 다음과 같은 연설로 끝맺었다.

이러한 신념을 가지고 나는 이제 남부로 내려갑니다. 이러한 신념을 가지고 나는 이제 고통스러운 산에 희망의 불을 붙일 것입니다. 이러한 신념을 가지고 나는 언젠가는 자유의 날이 올 것을 믿으며, 다른 이들과 함께 일하고 함께 기도하고 함께 투쟁하겠습니다.

이런 일이 이루어질 때에 하나님의 자녀인 백인과 흑인, 유대인과 이방인, 개신교 신자와 가톨릭 신자가 다 함께 손을 맞잡고 "드디어 자유다, 드디어 자유다, 전능하신 하나님 감사합니다, 드디어 우리는 자유인이 되었습니다"라는 노예의 옛 성가를 외쳐 부를 것입니다. 그러니 여러분은 용기를 가지고 굳건히 싸워서 이겨야 합니다.

석양이 워싱턴 시가지를 뒤덮으면서 그날의 행사는 모두 마무리되었다. 계획했던 것 이상의 성공적인 대행진이었다.

링컨 기념관 광장에서 흩어지는 사람들의 얼굴과 눈에는 그야말로 희망의 빛이 넘치고 있었다. 그리고 그 희망의 빛은 행진에 참여한 백인들의 얼굴과 눈에서도 볼 수 있었다. 그날 대행진에 참여한 백인은 6만여 명에 이르렀다.

허버트 험프리 상원의원은 그날의 행사를 두고서 이렇게 말하였다.

"이런 일은 시민권 법안의 투표율에 상당한 영향을 줄 것이다. 이 사건이 우리 미국은 물론 나아가서는 전 세계에까지 신선한 충격을 끼쳤음이 분명하기 때문이다."

이번 행진에 참여했던 한 백인은 이렇게 말하였다.

"이제 흑인의 저항은 끝이 나고, 미국 국민 전체의 저항이 시작되었다."

그날 한 흑인 여자는 집으로 돌아가면서 예전의 일이 상기되어 한 백인 여자에게 이렇게 말했다.

"당신은 내가 흑인으로 태어난 비극이 어떤 것인지 잘 모를 거예요. 내가 나의 아이들과 함께 햄버거 집에 들어갔을 때에 '여기서는 검둥이에게 팔지 않습니다'라는 말을 듣는 심정이 어떤 것인지 당신은 상상이나 해보셨나요? 하지만 이제 나는 어떤 일도 조금도 두렵지 않아요. 이 땅에 불의가 존재하는 만큼 분명히 정의도 존재한다는 것을 체험했기 때문이죠. 오늘의 행사는 그 점을 보여주는 좋은 본보기였어요."

다음 날이었다. 미국의 각 신문사와 방송국들은 전날에 있었던 워싱턴 대행진의 모습, 대통령과 흑인 지도자 간의 면담 모습, 마틴 루터 킹이 군중을 향하여 연설하는 모습 등을 자세하게 보도했다. 워싱턴 대행진은 미국뿐만 아니라 전 세계에 알려졌다.

이날 마틴 루터 킹은 영국의 한 텔레비전 기자와 인터뷰를 했다. 인터뷰 장소는 링컨 기념관에서 링컨의 거대한 동상이 서 있는, 바로 어제 행진했던 그 자리였다.

"어제 시행했던 대행진의 영향력이 어느 정도일 것이라고 생각합니까?"

기자의 질문에 킹은 힘 있게 대답했다.

"이번 행사는 불공평한 미국인의 시민권에 대해 국경과 인종을 초월하여 두루 알리고 관심을 불러일으키는 성과를 거두었다고 믿습니다. 이번 워싱턴 대행진은 정의에 바탕을 둔 입법을 위해서 국민 모두가 기꺼이 일하고 노력할 수 있도록 많은 사람들의 마음을 크게 움직였음이 틀림없습니다. 우리는 앞으로도 흑인의 인권과 공평한 사회를 위해 힘을 모아 투쟁해나갈 것입니다."

워싱턴 대행진 이후로 미국의 흑인들은 조만간 어떤 좋은 일이 연이어 일어날 것이라는 기대감을 가지고 있었다. 대행진은 그만큼 흑인들에게 긍지와 자신감을 심어주었다.

그러나 불행하게도 그런 밝은 기대는 불과 3주도 지나기 전에 무너지기 시작했다. 버밍햄에서 흑인 소년소녀들이 연쇄적으로 백인 테러 단체들로부터 살해를 당하는 비참한 사건이 발생한 것이다.

첫 번째 사건은 KKK단이 한 교회에 폭탄을 던진 것이었다. 폭탄이 터지면서 교회가 무너졌는데, 그곳에서 소녀 네 명의 주검을 발견했다.

"오, 하나님!"

"교회에서 이런 참변이 일어나다니….."

"정말 잔인한 살인자들이야!"

사람들은 너무 놀란 나머지 온몸을 부르르 떨었다. 심지어 어떤 흑인 남자는 증오심이 가득 찬 눈으로 현장을 한참 바라보더니 울부짖기까지 했다.

"그놈들을 찾아야겠어. 내가 그놈들을 모조리 죽여버릴 테야. 당장 찾아내서 죽이고 말 거야."

이 사건이 터지자 버밍햄에 살고 있던 흑인들이 사고 현장으로 구름같이 몰려들었다. 그들의 분노는 금방이라도 폭발할 것 같았다. 그래서 경찰들은 사건 현장에 와서 공포탄을 쏘며 흑인 무리를 해산시키려고 했다. 그러나 흑인들은 물러서지 않았고, 오히려 현장에 있던 잔해에서 부서진 벽돌과 돌멩이를 집어 던지며 저항했다. 그 바람에 그 주변 일대는 큰 혼란에 빠졌다.

테러 사건은 여기에서 그치지 않았다. 경찰이 흑인 소년을 쏘아 죽이는 일이 일어나기도 했고, 오토바이를 탄 백인이 쏜 총에 열세 살 난 소년이 맞아 죽기도 했다.

버밍햄에서는 며칠 사이에 이런 끔찍한 사건들이 계속해서 일어났다. 그리고 이 소식은 애틀랜타에 머물고 있던 마틴 루터 킹에게도 전달되었다.

"그게 정말입니까?"

"정말입니다, 킹 목사님. 어서 버밍햄으로 가보셔야겠습니다."

그가 서둘러 길을 나섰지만, 좌절과 분노와 슬픔으로 뒤섞인 그는 몸을 가누기조차 힘들 정도로 떨고 있었다.

'이게 무슨 날벼락이란 말인가.'

그는 백인들의 인종차별의 벽이 얼마나 두텁고 높은 것인가를 새삼 뼈저리게 느꼈다. 동시에 그동안 추구하던 비폭력 투쟁의 원칙이 흔들리지 않을까 걱정했다.

버밍햄에서 일어난 비극적인 사건들은 워싱턴 행진을 통해 비쳐오던 희망을 산산조각 내고 말았다. 흑인들, 특히 학생 단체들은 벌 떼처럼 일어나 절규에 가까운 함성을 질렀다.

"불복종 전쟁을 선포하자."

"도로를 막아버리는 거야."

"백인 상점 거래도 모두 거부하는 건 어때?"

"이제는 우리를 제대로 지켜주지 못하는 나라에 세금을 내는 것도 아까워."

"아예 미국 정부의 모든 방침을 따르지 말아야겠어."

"우리 모두 목숨을 내걸고 투쟁하자!"

분노는 활화산처럼 터져 나왔다. 그러나 똑같은 방식으로 대응하겠다는 것은 바른 결정이 아니었다. 이럴수록 더욱 이성적이어야 했다. 마틴 루터 킹은 그들을 향해 외쳤다.

"여러분의 분노와 슬픔을 모르는 것은 아닙니다. 나도 여러분과 똑같이 슬프고 고통스럽고 화가 납니다. 그러나 그렇다고 해서 충동적으로 행동해서는 안 됩니다. 시민으로서의 의무까지 거부하고 정부의 일을 막으려는 것은 우리 삶의 터전 자체를 거부하는 일이 되기 때문입니다. 또 우리가 극단적인 행동을 한다면 그동안 쌓아온 신뢰와 결과들을 한꺼번에 잃어버릴 수도 있습니다. 그러니 여러분, 이성적인 태도로 우리가 할 일을 찾아내서 차근차근 실천하도록 합시다."

흑인들의 흥분을 가라앉히려는 그의 노력에도 불구하고 타오르는 분노의 불길을 진정시키기는 무척 어려웠다.

갈등과 긴장이 깊어지면서 백인들에 대한 흑인들의 공포도 점점 커져갔다. 여전히 약자인 흑인들이 백인의 테러와 공격에 맞서기란 쉽지 않기 때문이다. 킹은 지금의 상황이 매우 걱정스러웠다. 이대로 흑인과 백인이 맞서다가는 미국 사회가 걷잡을 수 없는 혼란에 빠져들 것이 분명했다. 그러는 가운데 폭력에 대항해 똑같은 폭력으로 백인들과 대치하는 흑인들은 늘어나고 있었다.

케네디 대통령 암살 사건

워싱턴 대행진 후부터

백인 유권자들 사이에서 케네디 대통령의 인기가 조금씩 떨어지고 있었다. 그가 공개적으로 흑인들의 인권운동을 두둔했기 때문이다. 그때까지도 민권 균등법안은 의회에서 통과되지 않고 있었다.

마틴 루터 킹은 이런 일이 무척 염려되었다.

'케네디 대통령에 대한 백인들의 지지가 떨어진다면 우리의 인권운동도 그만큼 약화될 것이 분명하다. 백인들의 깊은 편견은 어떻게 해야 바꿀 수 있단 말인가!'

흑인들의 증오심과 분노는 날이 갈수록 전국적으로 더욱 깊어졌다. 그리고 이와 함께 백인들의 긴장도 더해갔다.

1963년 11월 22일 아침, 남부 텍사스 주 댈러스에서 전 세계를 혼란에 빠트리는 사건이 터지고 말았다. 대통령이 암살당한 것이다.

'존 F. 케네디 대통령, 암살당하다', '저격범의 총탄을 맞고 후송 도중에 숨지다', '범인은 아직 체포되지 않았다'는 놀라운 뉴스가 온 세상의 언론을 발칵 뒤집어놓았다.

"저격범이 누굴까?"

"극단적인 인종주의자일 거야."

"그건 모를 일이지."

"정적(政敵) 가운데 하나일 수도 있어."

국민들의 이목은 케네디 대통령의 암살범이 누구인가 하는 데에 쏠렸다. 그러나 경찰은 끝내 암살범을 잡지 못했다.

마틴 루터 킹은 매우 큰 충격을 받았다. 그리고 깊은 슬픔과 좌절에 사로잡혔다.

'아, 이제 모든 것이 끝인가? 대통령이 살아 있을 때에도 흑인을 위한 인권운동이 어려웠는데, 이제 그가 세상을 떠나버렸으니 우리의 희망도 그만큼 사라져버렸다.'

마틴 루터 킹이 대통령의 장례식에 참석하기 위해 길을 나설 때였다. 동료 한 사람이 그에게 권총 한 자루를 건네주었다.

"킹 목사님, 이 권총을 가지고 가십시오. 목사님은 백인 테러단들의 표적이니까요."

그는 고마움을 표현하면서도 사양했다.

"걱정해주어서 감사합니다. 그러나 총을 받을 수는 없습니다. 지금까지 비폭력을 주장하고 설교해왔습니다. 그런데 제가 어떻게 총을 가지고 다닐 수 있겠습니까."

"목사님의 마음을 모르는 것은 아닙니다. 그래도 지금 상황이 너무 위험하니까…."

"혹시 내가 죽임을 당할지라도 나는 총을 가지고 다닐 수 없습니다. 그리고 나는, 내가 얼마나 오래 사느냐보다 어떻게 살다가 죽느냐 하는 것이 더 중요하다고 생각합니다."

총을 권하던 사람은 더 이상 총을 가지고 가라고 말할 수 없었다. 킹은 말을 이었다.

"언젠가 나도 뜻밖의 죽음을 당할지도 모릅니다. 그래도 나는 조금도 두렵지 않아요. 모든 형제들이 나를 가리켜 '그는 자유를 위해 죽었다'고 말할 것이기 때문입니다."

케네디 대통령의 장례식에는 전 세계 각국의 수장들이 참석하였고, 그를 추도하기 위해 모여든 사람들도 엄청났다. 비록 백인들의 지지도가 떨어졌다고는 하지만 그는 여전히 국민들에게 사랑받는 대통령이었다.

케네디 대통령의 장례 행렬은 3개월 전에 흑인들이 벌였던 워싱턴 대행진의 코스를 밟기도 했는데, 그 행렬을 묵묵히 따르던 마틴 루터 킹의 가슴에는 말할 수 없는 복잡한 감정이 오갔다.

포근한 성탄절 분위기가 벌써 그해의 마지막을 장식하고 있었다. 흑인들에게는 승리의 한 해이기도 했으나 어느 때보다도 더 슬픈 한 해이기도 했다.

사람들은 여느 때와 다름없이 성탄절을 맞아 축제 분위기에 들떠 있었지만, 마틴 루터 킹은 기도하는 마음으로 조용하게 보내기를 원했다.

그해 성탄절에 코레타 킹은 다음과 같은 일기를 썼다.

우리는 아이들이 해마다 많은 선물을 받았던 것과는 달리 올해는 선물을 간단히 한 가지씩만 나누어 주고, 우리 부부간의 선물은 아예 주고받지 않기로 결정했다. 그 대신 인권운동을 위하여 투쟁하다가 생명을 빼앗긴 희생자들의 가족에게 조금씩이나마 돈을 보내기로 했다.

우리 아이들이 이런 일들을 이해하기란 쉬운 일이 아니겠지만, 그럼에도 불구하고 세 살, 여섯 살, 여덟 살 난 아이들은 기특하게도 선물이 줄어든 것을 이해해주었다. 아이들은 스스로 자기들 저금통을 깨고서 버밍햄에서 희생당한 가련한 아이들의 부모님에게 전해달라며 그 돈을 모두 나에게 주기도 하였다.

욜란다와 마틴은 유일한 선물로 롤러스케이트를 선택하였고, 덱스터는 소방차를 갖고 싶다고 했다. 어린 버니스에게는 아름답고 커다란 눈을 가진 토끼 인형을 선물로 주었다.

이번 성탄절은 참으로 조용한 날이었다. 남편은 아침나절에 잠시동안 아이들과 함께 교회의 창문을 부수다가 감옥에 갇힌 한 친구를 만나고 돌아왔을 뿐, 온종일 집에서 지냈다. 아이들은 아빠와함께 처음으로 감옥을 방문하여 베들레헴 마구간처럼 어두운 곳에 갇혀 있는 사람들이 있다는 것을 알게 되었다.

케네디 대통령이 암살당한 후 마틴 루터 킹이 적지 않은 충격을 받은 것은 사실이었고, 이로 말미암아 흑인 인권 투쟁의 열심에 주춤했던 것도 사실이었다. 하지만 그렇다고 해서 미국 내 흑인들의 운명이 달린 이 일을 중단할 수는 없었다.

어느덧 1964년의 새해가 밝았다. 그는 애틀랜타, 시카고, 클리블랜드 등 북부와 남부 도시들을 다니며 여러 지도자들과 함께 인권 운동을 주도해가기 시작하였다. 그러나 다시 일을 시작하되 서둘지 않고 서서히 진행해 나갔다.

'그렇다. 농사꾼도 땅에 씨를 심고 오랫동안의 노력과 수고 끝에 수확을 거두어들이지 않던가. 이처럼 우리도 조급하게 서둘러서는 안 된다. 적절한 때에 열매를 거두기 위해서는 목표를 정하고 시간이 걸리더라도 합당한 길을 찾아서 빈틈없이 나아가야 한다.'

하지만 마틴 루터 킹의 주변에서도 그의 결심을 이해하지 못하는 사람들이 많았다.

"킹 목사님은 이전과 많이 달라진 것 같습니다."

"백인들은 호시탐탐 우리를 노리고, 백인을 테러하는 흑인 단체도 늘어났습니다. 이런 상황에서 서둘러도 갈 길이 까마득한데 이렇게 느긋해서야 되겠습니까?"

"예전처럼 박차를 가합시다. 그래야만 백인들의 차별에 제동을 걸 수 있습니다."

마틴 루터 킹은 이들의 말을 다 들은 후 조용히 대답하였다.

"여러분의 말도 맞습니다. 그러나 대행진과 대통령의 암살 이후에 여러 가지를 생각해보았습니다. 그 결과, 예전에 우리 걸음이 너무 빨랐기 때문에 그에 대한 반작용이 있었고, 빠른 속도가 오히려 우리를 더 빨리 슬픔의 함정에 빠뜨린 것일지도 모른다고 결론을 내렸습니다. 우리의 걸음이 조금 느리더라도 하나님의 계획은 변함없으시니 염려하지 마십시오."

그해 봄, 마틴 루터 킹은 미국에서 가장 오래된 도시인 세인트 어거스틴을 목표로 하여 움직였다. 그곳은 도시 건설 400주년을 기념하고 있어서 전국의 관심이 쏠려 있었고, 따라서 마틴 루터 킹은 그것을 이용하여 도시 전역에서 벌어지고 있는 인종차별을 문제 삼아 막아보려고 했던 것이다.

시위는 4월부터 시작했는데 5월이 되어서는 절정을 이루었다. 그 시위에는 매사추세츠 주지사의 어머니도 함께했다. 이는 곧 흑인들의 인권 향상을 위해 노력하는 백인들이 늘어났다는 것을 의미했다. 그러나 아무리 그렇다고 하더라도 큰 충돌을 피할 수는 없었다.

시위자들이 백인들만 사용하게 되어 있는 해변 시설 안에서 진을 치고 있을 때였다. 백인 인종차별주의자들이 시위자들을 기습 공격하였다. 백인들은 곤봉과 쇠막대기를 들고는 마구 휘둘렀다.

"물러서!"

"쳐라!"

"죽여라!"

여기저기에서 부상자가 생겨났다. 그러나 경찰들은 아무런 조치도 취해주지 않았다. 사태가 이렇게 되자 전국에 흩어져 있던 백인 테러 단체들이 세인트 어거스틴으로 모여들기 시작했다. 한바탕 전쟁이라도 치를 심산이었다.

"절대로 흑인들의 시위를 그냥 보고만 있지는 않겠어."

"이 기회에 검둥이들의 콧대를 완전히 꺾어놓자."

"백인들의 이익을 위해서라면 어떤 방법을 쓰든 상관없다."

상황이 이렇게 되자 마틴 루터 킹은 다급한 심정으로 케네디를 이어 대통령 자리에 오른 린드 존슨에게 탄원서를 보냈다.

대통령께서는 이곳 세인트 어거스틴의 시위자들을 보호해주셔야 합니다. 지금 이곳은 제가 지금까지 보아왔던 도시들 가운데 가장 혼란스럽고 치안도 엉망이며, 그야말로 무법천지와 다름이 없습니다.

그러나 아무리 그렇다 할지라도 우리는 이미 단단히 각오하고 있습니다. 최악의 경우가 생기더라도 절대로 후퇴하지 않겠다는 것입니다.

상황이 심각해져 자칫하면 도시 안에서 전쟁이 일어날지도 몰랐다. 사태의 심각성을 깨달은 플로리다 주지사는 그제야 세인트 어거스틴으로 군대를 보내 상황을 정리하도록 했다. 그렇게 하여 백인 테러 단체와 폭도들을 겨우 막고 사태를 진압할 수 있었다.

같은 해 6월, 마틴 루터 킹이 세인트 어거스틴에 머무르던 중에 다시 한 번 감옥으로 끌려가는 일이 있었다. 킹이 고급 식당에 속하는 레스토랑에 들어가서 음식을 주문하는데 거절당한 것이다.

"여기에서는 흑인들에게 음식을 팔지 않습니다."

"왜 팔지 않습니까?"

"우리는 인종차별주의자거든요."

식당은 흑백 차별을 공공연하게 드러내며 킹을 내쫓으려고 했다.

"나는 당신이 음식을 내어놓을 때까지 여기에 그대로 서 있겠습니다."

"뭐라고?"

"우리 미국을 가장 훌륭한 나라로 만들기 위해서입니다. 나라를 위한 일에는 당신도 적극적으로 나서는 것이 국민의 도리가 아닐까요?"

올바르고 빈틈없는 항변이었다. 그렇지만 레스토랑 주인에게는 흑인이 떠드는 억지소리로 들렸다.

"그게 무슨 말이오! 당신네 흑인들이 음식을 먹을 수 있는 곳은 따로 있는데 왜 여기에 와서 억지를 부리는 거요?"

마틴 루터 킹은 비장한 목소리로 대답했다.

"당신의 이런 행동이 인간의 존엄성을 얼마나 해치는지 알고 있습니까?"

바로 그때였다. 누가 어느 틈에 연락했는지 경찰들이 들이닥쳐서 그를 체포했다. '원하지 않은 손님'이라는 황당한 죄목으로 그를 끌고 가버린 것이다.

킹은 감옥에 갇힌 지 이틀이 지난 후에 보석으로 풀려났다. 그는 백인들의 행동에 분노와 비참함을 느꼈다. 하지만 꾹 참고 비폭력·무저항 투쟁을 계속 이어나갔다.

노벨 평화상

세인트 어거스틴은 잠시 평온을 되찾은 것 같았다. 그러나 해결되지 않은 채 방치되었던 문제들 때문에 또다시 폭력 사태가 일어나기 시작했다. 마틴 루터 킹은 다시 서둘러 그곳으로 가야만 했다.

이번 사태는 이전보다 훨씬 더 심각했다. 백인들이 한 흑인의 집에 마구 총을 쏘았고, 이에 흥분한 흑인들도 무리를 지어 백인들을 향해 총을 쏘기 시작한 것이다. 이번에도 플로리다 주지사가 재빨리 군대를 보내서 즉시 진압했다. 그 덕분에 험악해진 총격전을 간신히 막을 수 있었다.

이렇게 마틴 루터 킹이 이끄는 인권운동은 참으로 어렵고 힘든, 정말로 피나는 투쟁이었다. 그러나 그의 싸움은 결코 헛되지 않았다. 1964년 7월 2일, 마침내 린드 존슨 대통령이 서명한 민권 균등법안이 의회에서 통과된 것이다.

존슨 대통령은 마틴 루터 킹을 백악관으로 초대해서 이 역사적인 일을 지켜보도록 배려해주었다.

"이 법안은 어떤 시민에게도 특별한 대우와 권리를 부여하지 않습니다."

대통령의 말에 그곳이 마치 물 뿌린 듯이 조용해졌다. 그는 말을 이었다.

"이것은 누구나 하나님 앞에서는 평등하다는 것을 의미하며, 우리 미국 시민은 피부 색깔에 상관없이 누구든지 투표소, 교실, 공장, 호텔, 식당, 극장, 그 밖에 대중들에게 서비스를 제공하는 모든 장소에서 평등한 대우를 받게 된다는 것을 의미합니다."

그 순간 마틴 루터 킹은 마음속으로 부르짖었다.

'승리다! 이것은 우리 흑인들만의 승리가 아니라 미국 국민 전체의 승리다!'

하지만 법안이 통과되었다는 것으로 끝날 일이 아니었다. 아니, 이제부터 더 치열한 투쟁이 시작된 것인지도 몰랐다.

의회에서 민권법이 승인되자 백인 극단주의자들은 곳곳에서 폭동을 일으켰다. 특히 뉴욕, 저지시티, 필라델피아, 로체스터에서는 심각할 정도의 테러와 폭동이 일어나기도 했다.

민권법이 통과되었다고 해서 미국 안에서 흑인에 대한 대우가 특별히 나아졌다고는 볼 수 없었다. 각 도시에서 '백인 전용'이라는 간판은 철거되었지만 뿌리 깊은 인종차별 의식은 여전히 사라지지 않고 있었기 때문이다.

1964년 가을, 미국에서는 대통령 선거가 있었다. 존슨 대통령은 케네디 정권 때 부통령으로 일하다가 케네디 대통령이 암살당하자 남은 대통령 임기를 채운 것이었다. 그러면서 이번 선거에 다시 대통령으로 입후보했다.

마틴 루터 킹은 흑인들의 투표가 이번 선거의 결과에 큰 영향을 줄 것을 알고, 흑인 유권자들을 등록시키는 캠페인을 시작하였다. 흑인들에게도 투표권이 생겼지만 흑인들은 지금까지 한 번도 투표를 해보지 않았기 때문에 문제 없이 투표에 참여하게 하는 일은 무척 중요했다.

이번 대통령 선거는 공화당 후보인 배리 골드워터 상원의원과 현직 대통령 린드 존슨의 맞대결이었다. 민권 균등법을 반대했던 골드워터가 당선되느냐, 민권 균등법안을 통과시킨 존슨이 당선되느냐 하는 것은 지금 상황에서 아주 중요한 문제였다. 그렇기 때문에 마틴 루터 킹은 흑인들에게 존슨 후보에게 투표하라고 독려했다.

마침내 존슨이 당선되었고, 그가 대통령직을 연임하게 되었다. 이런 결과는 존슨 자신은 말할 것 없고 마틴 루터 킹과 전체 흑인들에게 큰 기쁨을 안겨주는 일이었다.

그 무렵 마틴 루터 킹은 서베를린 시장으로부터 케네디 대통령을 추모하는 음악회에 와서 연설을 해달라는 내용의 초청장을 받았다. 그리고 이것을 기회 삼아 로마까지 가서 교황 바오로 6세를 직접 만날 수 있었다.

"마틴 루터 킹 목사님, 만나게 되어 반갑습니다."

"교황 성하, 만나주셔서 감사합니다."

두 사람은 오랜 친구라도 되는 듯 얼싸안으면서 인사하였다.

"나는 사실 오래전부터 흑인들의 친구입니다. 미국에서 계속되고 있는 인종 투쟁에 간접적으로 동참하고 있었습니다. 그래서 곧 미국에서의 인종차별 폐단에 대하여 정식으로 반대 성명을 발표할 계획입니다."

그렇다. 교황 바오로 6세는 마틴 루터 킹의 민권운동을 전해 들으며 그를 지지하고 있었던 것이다. 마틴 루터 킹은 교황의 말을 듣고 크게 감동했다. 교황이 자기가 걷는 길을 지지하고 힘을 보태주는 것을 확인하니 참으로 든든했다.

"감사합니다. 정말 감사합니다."

베를린과 로마에서 큰 용기를 얻은 마틴 루터 킹은 애틀랜타로 돌아갔다. 그가 미국을 떠나 있는 동안에도 미국 전역에서는 여전히 폭력과 시위가 난무하고 있었다. 킹이 할 일이 참으로 많았다.

그러나 그는 그동안 휴식 한번 제대로 취하지 못하고 일을 해온 터라 과로가 한꺼번에 밀려들어 쓰러지고 말았다.

"이 상태로는 아무 데도 가지 못해요. 병원에 입원하여 완전히 회복될 때까지 푹 쉬어야 합니다."

의사의 권유로 그는 어쩔 수 없이 성 요셉 병원에 입원했다.

1964년 10월 14일 오후 1시, 마틴 루터 킹이 병원에 입원해 있을 그때 그의 집에는 놀라운 전보 한 장이 도착했다. 스웨덴의 스톡홀름에서 온 것이었다.

1964년도 노벨 평화상은 조국과 전 세계의 비폭력 인종 투쟁을 위해 싸워 온 마틴 루터 킹에게 수여하기로 결정하였습니다.

킹 부인은 전보를 읽고 나서 놀라움과 기쁨을 감출 수 없었다. 그래서 곧바로 병원으로 전화를 했다.

"여보세요."

"여보, 저예요."

"병원으로 전화를 다 하다니, 집에 무슨 큰일이라도 있는 거요?"

"네. 아주 큰일이에요. 당신에게….""

"무슨 일인지 천천히 말해봐요."

"전보가 왔어요. 당신에게 노벨 평화상을 준다고요."

그 순간 킹 부인의 머릿속에는 그동안 힘겨웠던 날들이 한 편의 영화처럼 스쳐 지나갔다. 아무도 알아주지 않는 가운데에서도 끝까지 평화적인 방법을 고집했던 일, 남편의 목숨을 걸고 해온 투쟁들이 결코 헛된 것만은 아니었구나 싶어 그녀는 감격했다.

아내에게 말을 전해 들은 킹 목사는 간단하게 답했다.

"알겠소. 정말 감사한 일이군요."

그리고는 침대에서 내려와 바닥에 무릎을 꿇고 하나님 앞에 엎드렸다.

당시 마틴 루터 킹은 35세로, 노벨상 수상자들 중에 가장 젊은 수

상자였다. 미국인으로서는 열두 번째, 그리고 흑인으로서는 1950년에 아랍인과 유대인들 사이의 평화를 이룩하는 일에 성공한 유엔 부사무총장 랠프 번치와 남아프리카공화국에서 아파르트헤이트★ 반대 운동을 한 앨버트 루툴리 다음에 세 번째로 받는 것이었다.

마틴 루터 킹과 함께 수상 후보에 올랐던 사람은 서독의 첫 번째 총리였던 아데나워와 프랑스의 대통령 드골이었다. 하지만 그런 세계적인 정치인들 가운데에서도 마틴 루터 킹이 수상의 영광을 얻었다.

노벨 평화상 수상 소식은 빠른 속도로 전 세계에 퍼졌다. 그러자 세계 각국의 기자들이 마틴 루터 킹을 취재하기 위해 애틀랜타의 성요셉 병원으로 몰려들었다.

"노벨 평화상을 수상하게 된 소감을 말씀해 주십시오."

킹 목사는 차분하게 질문에 답을 했다.

"우리 흑인들 모두의 영광입니다. 하나님께 감사할 뿐입니다. 그러나 나는 여전히 슬픔도 함께 가지고 있습니다."

"어떤 슬픔입니까?"

"민권 균등법이 통과되었음에도 불구하고 아직도 인종차별은 사라지지 않고 있기 때문입니다."

"앞으로의 각오도 말씀해 주십시오."

"노벨상을 큰 격려로 알고, 끝까지 비폭력운동을 전개하여 이 땅

★ **아파르트헤이트** 1948년 남아프리카공화국 백인 정권이 만든 유색인종차별 정책으로, 곧 흑인 차별법이다.

에서 차별을 없애기 위해 노력하겠습니다."

그의 노벨상 수상은 모든 흑인들에게 기쁨을 주었다. 흑인으로서 첫 번째로 노벨 평화상을 수상한 랠프 번치 박사는 자기 일처럼 기뻐하며 이렇게 말했다.

노벨상 위원회가 올해 평화상 수상자로 마틴 루터 킹을 선정한 것은, 미국의 흑인들이 미국 사회 안에서 그들의 권리를 찾기 위하여 최선의 힘을 다하여 싸웠다는 것을 전 세계가 인정하고 있다는 증거입니다.

하지만 마틴 루터 킹의 노벨 평화상 소식에 기쁨과 축하를 보내는 대신 비난하고 비웃는 이들도 있었다. 극단적인 백인 인종차별주의자들이었다.

"킹 목사가 노벨 평화상 수상자가 되다니, 말도 안 되는 일이야."

"큰일 났군. 이건 보통 일이 아니라고."

"우리 백인들에게는 큰 불행이야."

"뭔가 잘못된 것이 분명해. 그러니 결코 가만히 있어서는 안 돼."

"노벨상 위원회는 킹이 어떤 사람인지도 잘 모르고 있어."

연방조사국 국장인 후버는 마틴 루터 킹을 가리켜 '가장 음흉한 사기꾼'이라고까지 몰아붙였다.

그해 12월, 마틴 루터 킹 부부는 스웨덴 스톡홀름에 갔고, 수백 명의 시민들이 킹 부부를 환영해 주었다.

수상식이 거행되던 날 시상식장에는 어느 때보다 많은 관중이 모여 있었고, 수상 전에 오케스트라가 〈포기와 베스〉에 나오는 음악을 메들리로 연주하고 있었다. 〈포기와 베스〉는 가난한 절름발이 흑인과 그가 사랑하는 한 여인이 주인공인 뮤지컬이다. 마틴 루터 킹은 그 음악을 들으며 눈물을 흘렸다.

마침내 트럼펫 소리가 울려 퍼졌고, 마틴 루터 킹이 수상대 앞으로 나갔다. 항상 허술한 노동자 차림으로 미국의 각 도시를 헤치고 다녔지만 이날만큼은 모처럼 정장 양복을 입었다. 그러나 어떤 옷을 입든지 그는 늘 당당한 모습이었다.

노벨 평화상 위원회 회장은 마틴 루터 킹에게 메달과 함께 두루마리 증서를 수여하면서 이렇게 말했다.

"마틴 루터 킹은 비폭력정신을 가지고 인종차별이라는 인류의 큰 과제를 해결하는 데 앞장서서 미국 내뿐만 아니라 온 세계 인류의 평화를 위해 공헌을 한 훌륭한 지도자입니다. 그는 앞으로도 사랑으로 위대한 승리를 거둔 상징적 인물이 되어 길이 빛날 것입니다."

이에 마틴 루터 킹도 연단 앞으로 나와서 정중하게 답례를 했다.

"사실 나는 가난한 사람입니다. 그런데 이번에 받은 상금으로 갑자기 부자가 되어버렸습니다."

그의 재치 있는 말에 청중들은 웃음을 터뜨렸다. 그러나 곧이어

이어진 연설에 시상식장이 더없이 숙연해졌다.

> 하지만 저는 이번에 받은 상금 5만4천6백 달러 전액을 미국의 민권운동을 위하여 내놓겠습니다. 제가 이 상을 수상한 것은 우리 시대의 절박한 문제들, 특히 정치나 도덕적으로 크게 제기된 문제들을 해결하는 길은 비폭력 투쟁밖에 없다는 사실을 전 세계에 확증하는 것이라 생각됩니다.
>
> 사실 인간은 누구에게나 억압과 폭력을 이겨내야 하는 과제가 주어져 있습니다. 미국의 몽고메리에서 이곳 스톡홀름까지의 길이 멀고도 험한 것같이, 그 과제를 해결하는 길 역시 멀고 어려울 것이 분명합니다. 하지만 하나님의 정의는 이 땅의 불의를 절대로 그냥 놓아두지 않는다는 사실을 우리는 명심해야 하겠습니다.
>
> 나는 세계 각국이 원자폭탄이나 수소폭탄으로 무장해야 자기 나라를 지킬 수 있다는 주장에 절대로 찬성하지 않습니다. 진리는 지금도 우리에게 무장해제를 명령하고 있습니다. 아니, 실제로 아무런 조건 없는 사랑만이 지구를 살리는 길입니다. 제가 앞서서 주장하고 펼쳐가는 비폭력운동은 이러한 하나님의 진리에 근거하고 있습니다.

청중이 일제히 일어나 우레와 같은 박수를 치는 바람에 연설이 잠시 중단되는 일이 벌어졌다. 그는 말을 다시금 이어서 했지만, 박수 소리 때문에 연설을 몇 번이나 멈추어야 했다.

노벨 평화상을 가슴에 안고 다시 미국으로 돌아온 그는, 곳곳을 돌아다니며 강연을 계속했다. 그가 가는 곳마다 사람들이 노벨상 수상자의 연설을 듣기 원했기 때문이다. 특히 학생들의 경우는 흑백을 가리지 않고 그의 연설을 듣기 원했다.

셀마에서 흘린 피

　　　　　　　　노벨 평화상을 받고 돌아온 후
그를 지지하는 사람들이 늘어나기 시작했고, 이전부터 그를 지지하
던 사람들은 그를 향한 신뢰를 굳혀갔다.

"킹 목사는 위대한 지도자다."

"그는 하나님이 보낸 사람이다."

"그의 신앙과 용기는 그 누구도 따를 수 없다."

사실 그의 외모는 눈에 띄는 편이 아니었다. 약간 작은 키, 넓적한
눈, 허술한 옷차림, 다소 여성스러운 잔잔한 분위기, 활달하기보다
는 내성적인 성격을 가지고 있었다. 그럼에도 불구하고 뛰어난 말재
주로 대중을 이끌어가는 지도력은 그 누구도 따라갈 수 없었다. 또
한 그의 내면에 흐르는 하나님에 대한 사랑과 믿음은 그가 헌신적으
로 비폭력정신을 가지고 흑인들을 위해 싸울 수 있는 힘이 되었다.

그는 성경을 그저 읽는 것만으로 그치지 않고, 말씀 그대로 실천하여 그 말씀이 삶과 현실이 되어야 한다고 믿었다. 그래서 그는 자기를 12번 이상이나 감옥에 끌어넣고 기필코 자기를 죽이려 한 백인 인종차별주의자들을 끝까지 선대했다. 예수 그리스도께서 "너희 원수를 사랑하며 너희를 미워하는 자를 선대하며"(눅 6:27)라고 말씀하신 것처럼 그 또한 원수를 사랑하고 미워하는 자에게도 선을 행한 것이다.

한편 마틴 루터 킹은 자기가 검은 피부 때문에 차별 대우를 받는 것보다 자기 아이들이 그런 비참한 대우를 받고 있는 것에 더 고통스러워했고, 더 가슴 아프게 생각했다. 사실 그 역시 그 나이 때에 참기 어려운 슬픔을 겪지 않았던가.

그런데도 불구하고 그는 식탁에 앉을 때마다 아내와 아이들과 함께 머리를 숙이고 이렇게 기도하였다.

"주여, 우리 흑인 형제들에게 어떤 고통도 다 참아낼 수 있도록 힘을 주시고, 백인들이 좀 더 선하게 살 수 있도록 인도하소서."

애틀랜타 지역의 텔레비전 방송국은 어린이들을 위한 프로그램을 내보내는 도중에 가끔씩 광고를 하곤 했는데, '펜타운'이라는 이름이 붙은 도시 주변의 화려한 공원도 선전하곤 했다. 펜타운 광고가 나올 때면 킹의 아이들은 손뼉을 치며 "펜타운! 펜타운!"이라고 외쳤다.

아이들이 그 광고가 나올 때 일부러 크게 말하는 이유가 있었다. 그곳에 너무 가보고 싶었기 때문이다. 그러니 제발 한 번만이라도 자기들을 그런 곳에 데려가 달라는 자그마한 시위였다.

'내가 구태여 말하지 않더라도 언젠가는 우리 아이들이 흑인들은 펜타운 공원에 들어갈 수 없다는 것을 알게 되겠지.'

그러나 이런 마틴 루터 킹의 마음과 세상의 싸늘한 시선을 전혀 알지 못하는 아이들은 계속 졸라댔다.

"펜타운에 한 번만 가요. 한 번만요."

그럴 때면 킹 부인은 속으로 울음을 꾹꾹 삼키며 말했다.

"얘들아, 그곳을 그렇게 가보고 싶니?"

"네! 정말 가고 싶어요!"

킹 부인은 아이들의 손을 잡고 조용히 말했다.

"그럼 내 말을 잘 들으렴."

아이들은 기대감이 가득 찬 눈으로 엄마를 바라보았다.

"사실 펜타운 공원은 우리가 들어갈 수 없는 곳이란다."

"왜요?"

"그곳은 백인들만 들어갈 수 있거든."

아이들은 눈물을 글썽이다가 기어코 울음을 터뜨리고 말았다. 그러자 킹 부인이 아이들을 달래기 시작했다.

"그렇다고 울면 어떡해. 울지 마."

그때 첫째인 욜란다가 울음을 삼키면서 퉁명스럽게 대꾸하였다.

"그렇다면 우리 흑인들만을 위해 다른 곳에 펜타운을 만들면 되잖아요."

"네 말도 아주 그럴듯하구나. 하지만….."

킹 부인은 이야기하는 것을 잠시 멈췄다. 그러나 곧이어 지금이 좋은 교훈을 들려줄 기회라는 생각에 말을 이었다.

"만약 우리 흑인들만을 위하여 그런 공원을 따로 만든다면, 그것도 백인들만을 위해서 펜타운 공원을 만든 것만큼이나 나쁜 일이란다."

"왜요? 왜 그렇죠?"

"그렇게 되면 백인과 흑인은 영영 따로 살게 되지 않겠니?"

"따로 살면 어때요?"

"욜란다, 잘 들으렴. 네 아버지는 백인과 우리 흑인이 따로 살지 않고 함께 어울려 살도록 만들기 위하여 밤낮없이 뛰어다니고 계셔. 너도 아버지가 하시는 일을 알고 있지?"

"대충 알고는 있지만… 자세히는 몰라요…."

킹 부인은 깊게 숨을 들이쉬더니 이내 차분한 마음으로 설명했다.

"아마 시간이 걸릴지도 모르고 앞으로도 쉽지 않은 일일 거란다. 그러나 언젠가는 이 땅에 모두 함께 살아가는 세상이 반드시 올 거야. 네 아버지 일을 하나님께서 보살피고 계시거든."

욜란다는 엄마가 한 말을 모두 이해할 수 없었지만 옳은 말이라는 것은 알 수 있었다.

그 일이 있은 지 얼마 후, 하루는 학교에서 돌아온 욜란다가 시무룩한 표정으로 이렇게 물었다.

"엄마, 백인은 다 예쁜데, 왜 우리 흑인은 흉하게 생겼어요?"

"누가 그런 말을 했니?"

"오늘 백인 아이 하나가 나한테 그랬어요. 자기네들은 모두 예쁜데 우리는 그렇지 않다고."

"넌 뭐라고 대답했어?"

"난 그렇지 않다고 했어요. 그랬더니 그 애가 함께 거울을 보자고 하더라고요. 그래서 같이 거울을 보았죠."

"거울을 보니 어떤 생각이 들었니?"

"그 아이의 말이 맞더라고요. 나는 얼굴이 시커먼 데다 코도 동글납작하고, 예쁜 데는 한 군데도 없었어요. 흑인은 정말 못생겼어요, 엄마."

킹 부인은 그 말을 그냥 웃어넘길 수 없었다. 열등감과 낮은 자존감은 삶의 행복을 빼앗는 것이기 때문이다. 그로 인해 많은 흑인들이 스스로 행복을 찾고 인생을 개척하려는 의지까지 잃어버린 채 살고 있지 않았던가. 흑인들의 치명적인 불행은 백인들의 차별뿐만 아니라 오히려 이런 열등의식에 사로잡힌 탓이 컸다.

"그건 사실이 아니야."

킹 부인은 단호하게 말한 후 〈에보니〉라는 잡지 몇 권을 가지고 와서 딸에게 보여주었다.

"자, 이 사진을 봐. 얼마나 아름답니?"

잡지에는 아름다운 모습의 흑인들 사진이 원색으로 실려 있었다. 백인들과는 다른 생김새이지만 햇빛 아래 반짝이는 그들의 모습은 정말 아름다웠다.

욜란다는 한참 동안이나 두 눈을 반짝이면서 그 사진들을 바라보았다. 욜란다의 눈에 금세 생기가 돌기 시작했다.

"엄마, 흑인이 백인보다 훨씬 더 아름다운 것 같아."

"그래. 참 아름답지? 아름답다, 예쁘다는 것은 절대적인 것이지 상대적인 게 아니야. 각각 그 생김새대로 아름다운 거야. 그러니 이제부터는 백인보다 못하다는 생각을 가지면 안 돼. 알겠지?"

"네, 알겠어요. 엄마."

솔직히 노벨 평화상을 받은 후 마틴 루터 킹이 인권운동을 펼치는 데에 있어서 여러 가지로 나아진 것은 사실이었다. 그러나 어려움이 없는 것은 결코 아니었다. 노벨상을 받은 후로 극단적인 인종차별주의자들도 한층 더 그를 증오했기 때문이다.

1965년 1월, 마틴 루터 킹은 인권운동을 위하여 앨라배마 주에 있는 셀마에 갔다. 그런 다음 도시에서 오래된 한 호텔로 들어가서 방 하나를 예약했다. 사람들의 말에 의하면 이 호텔의 역사는 100년에 가깝다고 하였다. 그러나 그때까지 흑인 손님이 투숙한 적은 한 번도 없었다. 킹이 처음으로 그 호텔에 머물기 위해 들어간 것이다.

그런데 바로 그 순간, 예상하지 못한 일이 일어나고 말았다. 어떤 백인 손님이 다가오더니 갑자기 킹의 얼굴에 주먹을 날린 것이다.

"정말 참을 수 없군! 이 검둥이야!"

퍽! 킹이 비명을 지르며 바닥에 쓰러졌다. 아무런 방어도 하지 못할 만큼 느닷없는 공격이었다.

이 일 때문에 셀마에서는 흑인들의 시위가 시작되었다. 분위기가 심상치 않았다. 꽤나 심각했다. 무분별한 백인의 폭력이 셀마에 사는 흑인들의 분노를 불러일으킨 것이다. 당시 셀마에서는 유권자 등록 문제로 하루도 시끄럽지 않은 날이 없었다. 그러니 킹에게 가해진 폭력은 불붙은 데 기름을 끼얹은 격이었다.

사실 유권자 등록 문제는 이곳 셀마에서뿐만 아니라 미국 전역에서 분란의 소지가 되고 있었다. 의회에서 통과된 민권 균등법에 의하면 흑인도 백인과 똑같이 투표할 권리가 있었다. 그러나 백인들은 그 결정을 쉽게 따르지 않았다. 그들은 법을 무시하고, 각처에서 흑인들이 유권자 등록을 하는 것을 여러 가지 협박으로 방해하고 있었다. 사실 마틴 루터 킹이 셀마에 온 것도 흑인 유권자 등록 때문이었다.

흑인들의 시위는 브라운즈감리교회 앞에서부터 시작되었다. 시위 소식은 순식간에 퍼졌고, 그러자 많은 흑인들이 삼삼오오 모여들었다. 마틴 루터 킹은 이 시위가 분위기와 감정에 휩쓸리지 않고 평화적인 시위가 되도록 하기 위해 앞장서서 계획하고 진행했다.

반대로 셀마 시의 안전국 장관 베이커는 시대의 흐름에 거꾸로 가기 시작했다. 경찰들을 동원해서 마틴 루터 킹과 시위자들을 체포하게 한 것이다.

'노벨 평화상 수상자 킹 목사가 또 체포당하다.'

전 세계의 매스컴이 그 사실을 보도했다. 그는 그동안 감옥에서 다음과 같은 글을 쓰며 슬픔과 분노를 달랬다.

내가 상을 받을 때, 그 수상식에 참가했던 스웨덴 국왕은 물론 그 밖에 많은 사람들도 내가 얼마 후 또다시 감옥으로 잡혀가리라고는 절대로 생각하지 못했을 것이다. 도대체 우리는 무엇 때문에 이런 감옥에 갇혀 있어야만 하는가. 이 감옥 안에는 지금 자기 권리를 찾으려고 울부짖고 있는 선량한 흑인들이 수없이 갇혀 있지 않은가!

그는 1965년 2월 5일에 감옥에서 풀려났다. 전 세계의 이목이 집중되자 그를 붙잡아놓는 것이 결코 이롭지 못하다고 당국은 판단했기 때문이다.

마틴 루터 킹은 여기에서 뒷걸음질하거나 좌절하지 않고, 다시 시위를 주도하였다. 그 누구도 그의 의지를 꺾지 못하였다.

그런데 며칠 후 시위를 진압하기 위해 파견된 주립 경찰들 가운데 하나가 시위자들을 향하여 총을 쏘았다. 탕, 탕, 탕! 총소리와 함께 스물여섯 살 흑인 청년 지미 잭슨이 바닥으로 쓰러졌고, 그와 동시에 사람들도 삽시간에 사방으로 흩어졌다.

"경찰관이 나를 쏘았다…."

지미 잭슨은 이 한마디를 간신히 남기고 그 자리에서 숨을 거두고 말았다. 셀마의 흑인들이 흥분하기 시작했다.

"경찰이 쏜 총에 흑인이 죽었다."

"이젠 비폭력 따위는 안 된다."

"다 같이 무기를 들고 나서자."

마틴 루터 킹이 말렸으나 역부족이었다. 동료의 죽음을 본 그들은 이미 이성을 잃은 상태였다.

지미 잭슨의 장례식장에는 수천 명의 흑인들이 모여들었다. 마틴 루터 킹도 심장을 도려내듯 큰 아픔을 느꼈지만, 그럼에도 불구하고 백인들과 똑같이 폭력을 써서는 안 된다고 생각했다. 그래서 그들을 향해 큰 소리로 외쳤다.

"잭슨은 자유를 위해 투쟁하다 숨진 빛나는 희생자입니다. 그의 죽음을 통해 우리는 불의를 절대로 용서하면 안 된다는 것을 다시 한 번 확인했습니다. 그러므로 우리의 시위는 절대로 멈출 수 없습니다. 그러나 폭력으로 폭력에 맞서서는 안 됩니다!"

다행히 성난 군중은 마틴 루터의 말에 귀를 기울여 주었다.

셀마에서 일어난 총격 사건은 '피의 일요일'이라는 제목으로 신문마다 떠들썩하게 보도되었고, 이런 소식은 듣는 이마다 분노를 터뜨리게 하였다.

이후에 마틴 루터 킹은 셀마에서 몽고메리까지의 대대적인 행진을 계획하였다. 이 사건을 계기로 미국인들의 양심에 계속해서 호소하려는 작전이었다. 그는 이 일을 계획하면서 흑인이든 백인이든 상관없이 미국의 모든 성직자들에게 셀마에서 열릴 행진에 함께 참여하자고 호소하였다.

'우리 모두 미국의 양심을 일깨웁시다!'

그의 호소는 효과가 있었다. 전국 각지에서 목사와 사제 400명 이상이 모여들었다. 워싱턴 대행진 이후에 또 한 차례 역사적인 행진이 시작된 것이다.

몽고메리까지의 대행진은 많은 어려움에 부딪쳤다. 행진자들이 셀마 시를 벗어나지 못하게 하려는 경찰들과 비장한 각오로 나선 흑인들 사이에 크고 작은 충돌이 일어났다.

그러나 사방에서 행진자들이 가세하자 결국 경찰의 저지선이 무너져버렸다. 그래서 마틴 루터 킹을 선두로 하는 행렬은 몽고메리까지 무사하게 행진할 수 있었다. 이번 대행진 역시 흑인들의 성공으로 끝났다.

북부로 돌린 발걸음

한동안 남부에서 인권운동을 벌이던
마틴 루터 킹은 1966년이 되었을 때 그 방향을 북쪽으로 바꾸었다.

그는 그동안 상대적으로 차별이 심하던 남부 지역으로 가서 흑인
들의 존엄성을 회복하고 인권이 존중받도록 도와주는 일에 온 힘을
다했다. 마틴 루터 킹뿐만이 아니라 여러 흑인 인권운동가들이 함께
하고 뜻을 같이하는 백인들도 힘을 보태주어, 남부 지방에는 놀랄
만한 성과를 얻었다.

흑인들도 투표에 참여할 수 있도록 법으로 보장받았고, 백인과 한
자리에서 음료수를 마실 수 있게 되었으며, 어느 음식점에서든 백인
들과 함께 음식을 먹을 수 있었다. 만족할 만큼은 아니었지만 적어
도 겉으로 보기에는 큰 변화가 있었다.

그런데 이전부터 남부보다는 차별이 적었던 북부에서 이해할 수

없는 일들이 많이 벌어지고 있었다. 겉으로 보기에는 차별이 없는 것 같지만 실상은 그렇지 않았던 것이다.

1960년대 중반에 이르기까지도 흑인들은 여전히 온갖 제약에서 벗어나지 못했고, 법적인 차별은 없었지만 오랜 세기 동안 뿌리박혀 온 차별 의식이 여러모로 흑인들을 괴롭히고 있었다. 그들의 집은 허름하고 좁으며 수도나 전기, 교통 등이 매우 불편했다. 또 시설이 제대로 갖추어져 있지 않은 학교에서 빈약한 교육을 받아야만 했고, 원하는 대로 직장에 취직할 수도 없었으며, 이런 것이 악순환되면서 좀처럼 가난에서 헤어나지 못하고 있는 것이 그 단적인 예였다.

남부의 몽고메리, 버밍햄, 셀마 등 여러 도시에서는 인권 투쟁을 통해 흑인 인권이 인정되고 그들의 환경과 생활 여건이 조금씩 나아져갔다. 이런 변화는 곧 북부의 여러 도시에도 자극이 되었다.

1965년 8월 11일, 로스앤젤레스 남쪽에 있는 흑인 거주지이자 빈민가인 와츠에서 폭동이 일어났다. 음주운전을 한 21세 흑인 청년과 백인 경찰 두 명이 격한 몸싸움을 하면서 시작된 일이었다. 경찰은 그 청년에게 음주운전을 했으니 체포하겠다고 했고, 청년의 형과 어머니는 지나친 처벌이라며 항의했다.

사실 백인 경찰들은 와츠 지역의 흑인들을 무시하고 얕잡아보고 있었다. 대개가 고등학교조차 졸업하지 못한 데다 범죄율과 실업율도 높았다. 그러다보니 그들을 통제하려고만 했던 것이다.

흑인 구경꾼들이 몰려들면서 상황은 점점 더 나빠졌다. 그들은 백인들이 흑인을 잡아가려고 한다며 분노하더니 마침내 폭력을 휘둘렀다. 백인들의 가게를 부수고 들어가서 물건을 집어 나오기도 했고, 여기저기에 불을 지르기도 했다. 이에 3,000명이나 되는 경찰이 그들을 진압하기 위해 그곳에 보내졌다. 그러나 성난 군중들을 진정시키기란 쉽지 않았다.

와츠 폭동은 17일이 되어서야 끝이 났다. 폭동 기간 일주일 동안 34명이 죽고 1,030명이 다쳤으며, 체포된 사람만 해도 4,000명이 넘었다.

이 소식을 전해 들은 마틴 루터 킹은 한편으로는 상심했고 한편으로는 허탈했다. 지금까지 비폭력 투쟁을 위해 얼마나 힘썼던가. 그런데 이렇게 큰 폭력 사태가 나다니, 그로서도 망연자실할 수밖에 없었다.

그러나 그대로 있을 수는 없었다. 하나님은 그를 또다시 힘겨운 자리로 부르시는 것 같았다. 마틴 루터 킹은 북부로 관심을 돌려, 맨 처음 시카고로 갈 계획을 세웠다. 시카고의 시민은 모두 3백 5십만 명 정도였는데, 그중 백만 명 정도가 흑인이었다. 곧 3분의 1가량이 흑인이라는 것이다.

그러나 인구에 비해 흑인들의 생활환경은 비참했다. 그들이 살아가는 지역의 주택은 매우 낡았을 뿐 아니라 시설도 엉망이었고, 그럼에도 불구하고 그런 집의 집세를 내기에도 버거울 정도로 흑인들의 급여는 적었다. 흑인 중에서 5십만 명 정도는 비참한 거주지 안에서 목숨만 겨우 이어갈 정도였다.

게다가 시장 리처드 J. 데일리의 이중적인 태도도 큰 문제였다. 그는 흑인 보좌관을 두고 있었는데, 사실 그렇게 한 데는 이유가 있었다. 선거 때 흑인들의 숫자가 많은 시카고에서 당선되기 위해서는 흑인들의 표를 얻어야 했기 때문이다.

하지만 막상 당선이 되어 시장의 자리를 차지해도, 그는 흑인들을 위해서 그 어떤 조치도 하지 않았다. 흑인들을 위한 사업도 없었고, 그들의 생활환경 개선과 인권 보장에는 관심도 없었다. 시카고는 북부의 버밍햄과도 같았다.

1966년 1월, 마틴 루터 킹이 가족들과 함께 시카고에 도착했다. 그는 한 낡은 건물에 살 곳을 마련하였다. 그 건물 안에는 당구장, 미용실, 가구점 등이 있었고, 맞은편에는 교회도 세워져 있었다.

"혹시 킹 목사님 아니십니까?"

건물 주인은 킹을 알아보았다. 그러나 그는 시치미를 뚝 떼고 대답했다.

"아닙니다. 마땅한 거주지가 없어서 여기까지 왔을 뿐입니다."

자기가 누구인지 아직은 알리지 않는 편이 더 낫다고 생각했기 때문이다. 하지만 주인은 다 안다는 듯 빙그레 웃으면서 거실을 깨끗하게 청소하고, 바깥벽도 말끔하게 페인트칠을 해주었다.

이사한 지 이틀이 지났을 때 그는 흑인 거주 지역을 다니면서 비폭력 평화 투쟁을 함께할 사람들을 찾아 나섰다. 그러나 그가 발견한 것은 흑인들의 체념과 무력감뿐이었다.

"인권운동이라고요? 그걸 하면 밥을 굶지 않는답니까?"

"그럴 시간이 어디 있나요. 그럴 시간에 일을 조금이라도 더 해야

지."

"다 부질없는 짓입니다. 여기에서는 그런 게 통하지 않아요."

그들은 고개를 가로저으며 말했다.

그랬다. 시카고의 흑인들은 너무 지쳐 있었다. 하지만 그렇다고 해서 마틴 루터 킹까지 포기할 수는 없었다. 그는 끈질기게 그들을 설득하고 시내 구석구석을 돌아다녔고, 그 결과 몇 사람의 동지를 얻을 수 있었다. 킹은 그들과 함께 조직을 만들고, 다음 해 봄에 인권운동을 시작할 계획들을 짰다.

그는 우선 흑인들을 고용하지 않은 기업들의 상품에 대하여 불매운동을 벌여 나갔다. 그 운동은 상당한 효과를 거두었다. 그 일을 계기로 많은 기업들이 흑인들을 고용했기 때문이다.

그해 6월, 이런 순조로운 운동을 방해라도 하듯 미시시피에서 총격 사건이 일어나고 말았다.

제임스 메러디스는 많은 어려움과 반대 속에서 1962년에 미시시피 대학교에 처음으로 입학한 흑인 학생이었다. 그는 입학할 때부터 많은 살해 협박과 반대에 부딪쳤지만 결국 무사히 졸업장을 따냈다. 그런데 그가 학교에 다니는 동안에는 법원 집행관과 군인들로부터 어느 정도 보호를 받을 수 있었지만, 졸업한 순간부터는 위험에 노출될 수밖에 없었다.

그는 흑인 가운데서 뛰어난 지식인이요 백인들과 경쟁했을 때도 앞에서 손꼽히는 똑똑한 사람이었다. 그러다보니 백인 테러단은 당연히 그에게 관심을 쏟았다. 하지만 그렇게 위험한 상황 속에서도 그는 홀로 멤피스에서 시위를 하기 시작했다. 인종차별에 대한 불만을 더 이상 참고 있을 수만은 없었기 때문이다.

그러던 어느 날, 그는 결국 누가 쏘았는지도 모르는 총에 맞고 말았다.

"크윽!"

메러디스는 금방 피투성이가 된 채 쓰러졌고, 사람들은 부랴부랴 그를 병원으로 옮겼다. 다행히도 생명이 위급한 중상은 아니었다.

"다행이다."

"하마터면 큰일 날 뻔했어."

"하나님이 도우신 게 아닐까?"

사람들은 안도의 숨을 내쉬었다. 그러나 이것이 끝이 아니었다. 사건의 파장은 어마어마했다. 멤피스에 살고 있던 흑인들이 그의 피격 소식에 크게 분노하였기 때문이다.

그 소식을 들은 마틴 루터 킹도 즉시 멤피스로 달려가 병상에 누워 있는 메러디스를 방문했다. 거기에는 인종평등의회장인 맥키와 학생 비폭력위원회장인 카마이클도 와 있었다. 그들은 분노를 드러내며 더 크게 투쟁하겠다고 이야기했다.

"그냥 이대로 주저앉을 수는 없습니다."

"맞습니다. 지금 멤피스에 있는 흑인들의 분노는 하늘을 찌르고 있습니다."

"어떻게든 이 일에 대해 갚아줍시다."

이에 킹이 그들을 말렸다.

"그들과 똑같이 총을 쏘자고요? 그러면 우리에게 남는 것이 무엇

일까요? 그들은 더 큰 힘과 더 큰 무기로 또 우리에게 달려들 텐데 말입니다. 여러분의 마음은 이해합니다. 그러나 그럴수록 우리는 더욱 평화로운 방법으로 그들에게 대항해야 합니다."

그들은 마틴 루터 킹의 주장에 쉽게 동의하더니, 평화로운 대행진을 하자고 했다. 킹은 이미 워싱턴과 셀마에서 대행진을 성공적으로 치렀기 때문에 멤피스에서도 잘될 수 있을 것이라고 생각했다.

이튿날 멤피스에서의 대행진이 시작되었다. 시위자들은 모두 흥분된 상태였다. 그런데 생각보다 쉽고 빠르게 진행된 대행진에서 문제가 생기기 시작했다. 비폭력 투쟁에 대한 반대의 목소리가 높았기 때문이다.

"비폭력만으로는 안 된다."

"백인들을 때려눕혀도 시원치 않을 판에 무슨 평화 대행진을 한다는 거야?"

"이건 행진이 아니라 전쟁이어야 해."

어느새 시위자들은 이렇게 외치고 있었다. 그러면서 함께 노래를 부르던 중 분노의 감정이 더욱 고조되었고, 마침내 가사를 바꾸어 부르며 더욱 투쟁의 열기를 불태웠다. '우리는 승리하리라'는 가사를 '우리는 정복하리라'로 바꾸어 불렀고, '흑인과 백인 모두 함께'라는 가사는 '오직 우리 흑인만'이라고 바꾸었다.

상황이 이렇게 되자 마틴 루터 킹은 당황했다. 평화적인 행진이 아니게 된 것이다.

'이건 폭력 투쟁이 아닌가! 왜 이렇게 되었지…?'

그 뒤에는 학생 비폭력위원회장 카마이클이 있었다. 그의 의도는 처음부터 분명했다. 눈에는 눈, 이에는 이, 더 강하게 갚아주어야 한다고 생각했다. 그래서 많은 사람들을 모은 뒤 그의 속내를 드러냈다.

그는 시위자들에게 큰 소리로 외쳤다.

"지금 우리에게 필요한 것은 비폭력이 아니라 블랙 파워입니다."

'블랙 파워'(black power)란 흑인들의 힘을 의미하는 말이다. 곧 흑인의 힘으로 백인들의 행위를 되갚아 주자는 것이며, 흑인들의 폭력을 의미하기도 했다. 그 말이 떨어지자마자 흑인 시위자 몇 사람이 연단으로 뛰어올라 군중을 향하여 소리쳤다.

"여러분은 지금 무엇을 원합니까?"

그러자 모두가 한목소리로 외쳐댔다.

"블랙 파워!"

"블랙 파워!"

"블랙 파워!"

마틴 루터 킹은 고개를 푹 숙일 수밖에 없었다.

'이건 절망의 함성이다. 실패의 함성이야. 결코 승리의 함성이 아니다!'

그날 밤 킹은 카마이클에게 물었다.

"나는 솔직히 이해하기가 힘들군요."

"무엇을 말입니까?"

"'블랙 파워'라는 슬로건 말입니다. 솔직히 폭력을 의미하는 말 아닙니까?"

"그렇게 알아들으셨습니까? 뭐… 폭력적인 의미가 있기도 하지만 꼭 그렇게 생각할 것만은 아닙니다."

"그럼 내가 어떻게 생각하고 이해해야 할까요?"

"경제적인 힘과 사회적인 힘도 다 포함된 말로 이해하면 됩니다."

카마이클이 마틴 루터 킹을 달래고 설득하려고 둘러댄 말이었다. 하지만 킹은 그런 말장난에 놀아날 만큼 어리석은 사람이 아니었다. 그리고 비폭력에 대한 신념이 약한 사람도 아니었다. 그의 비폭력 투쟁은 하나님으로부터 비롯되었고, 간디에게서 배웠으며, 오랜 세월 동안 몸과 마음으로 경험하고 이해한 것이었다. 말 한마디에 흔들리고 속아 넘어갈 신념이 아니었다.

마틴 루터 킹은 그의 말에 하나씩 논리 정연하게 반박하기 시작했다.

"제 생각은 다릅니다. 경제와 사회의 블랙 파워란 애초부터 성립될 수 없는 말입니다. 백인을 떼어 놓고서 어떻게 우리 소수의 흑인만으로 사회와 경제를 만들어낸단 말입니까? 흑인과 백인은 함께할 때 비로소 경제와 정치의 힘을 이루며, 균형을 맞출 수 있는 것입니다."

"참 답답하시군요. 군중들을 자극하기에는 블랙 파워라는 말보다 강한 호소력을 지닌 말이 없습니다!"

킹의 신념이 강하듯, 카마이클 역시 그의 투쟁 노선을 강하게 주장했다. 결국 두 사람 모두 상대를 설득할 수는 없었다.

마틴 루터 킹은 곧바로 시카고로 돌아갔다. 멤피스의 상황이 위태로운 것은 알고 있지만 지금 당장 그가 손을 쓸 수 있는 방법이 없었기 때문이다. 그래서 일단은 대행진을 준비하던 시카고로 돌아가서 잠시 중단한 일을 계속하기로 한 것이다. 그러면서도 그는 멤피스가 금방이라도 폭동에 휘말릴 것만 같아 계속 불안해했다.

얼마 지나지 않아 킹이 걱정했던 것처럼 멤피스에서 엄청난 폭동이 일어났다. 흑인들의 과격한 행동이 백인들에게 폭력의 빌미를 주었고, 백인들 역시 흑인들처럼 폭력으로 대응했다.

"검둥이! 검둥이!"

"우리는 너희가 미워! 이곳을 떠나!"

"그들을 죽이자! 그들은 사람이 아니다!"

어떤 백인 부인은 아프리카인 얼굴을 그린 그림 위에다 '나에게 키스해줘요. 난 평등을 원하니까요'라는 글자를 크게 새긴 피켓을 들고서 흑인들을 조롱하듯 거리를 돌아다녔고, 어떤 백인 소년은 커다란 나치의 깃발을 펄럭이면서 뛰어다녔다.

백인들의 폭동도 백인 경찰들에 의해 진압되었지만, 멤피스에서의 사건은 폭력의 결과가 무엇인가를 잘 보여주었다. 흑인과 백인들의 폭력 시위 후 멤피스 시는 태풍이라도 휩쓸고 지나간 것처럼 파괴되었고, 동시에 흑백 양쪽의 증오심은 더욱 가열되어 갔다.

다가선 운명의 시간

마틴 루터 킹이 미국 북부에서
한창 인권운동을 해나가는 동시에 반전운동을 시작했을 때였다. 미
국은 멀리 떨어진 아시아 대륙에서 전쟁을 시작하였는데, 이것이 바
로 베트남 2차 전쟁이다. 이 전쟁은 1964년에 시작되었는데, 미국이
통킹만 사건★을 빌미로 전쟁에 끼어들었다.

마틴 루터 킹이 반전운동, 곧 전쟁에 반대하는 운동에도 나선 것
은 전쟁 역시 폭력의 한 형태이며 전쟁을 일으키는 것은 잘못이라고
생각했기 때문이었다. 전쟁이란 근본적으로 그리스도의 정신에 위
배되는 것이다. 그는 흑인들의 인권을 위해 투쟁하는 가운데에서도

★ **통킹만 사건** 북베트남의 어뢰정이 통킹만에서 미국의 구축함을 공격해서 거기에 타고 있
던 미국 병사들이 모두 죽었고, 북베트남의 어뢰정도 결국 반격을 받아 파괴된 사건이다.

전쟁에 대한 반대의 목소리를 높여갔다.

특히 베트남 전쟁이 시작된 후 미국은 자국의 수많은 젊은이들을 베트남으로 보냈다. 전쟁터라는 죽음의 함정으로 몰아넣은 것이다.

마틴 루터 킹은 시카고의 체육관에 모인 반전운동 시위대를 향하여 이렇게 말하였다.

나는 사랑하는 나의 조국 미국을 향하여 호소합니다. 전쟁은 가난한 자의 적일 뿐만 아니라, 평화의 적이요 진리의 적이기도 합니다. 전쟁은 우리에게서 모든 희망을 빼앗아갑니다. 그러므로 전쟁은 그만두어야 합니다.

그는 전쟁을 일으킨 미국 정부를 비난하기도 했다.

지금 미국 청년들이 아시아의 정글에서 전투를 하다가 죽어가고 있습니다. 이 전쟁의 목적은 너무나 막연하기 때문에 전국의 여론이 들끓고 있습니다. 정부는 이 젊은이들의 희생이 민주주의를 위한 것이라고 말하지만, 사이공 정권과 그의 동맹 세력도 겉으로는 민주주의를 내세우고 있으며, 미국 흑인 병사들은 실제로 민주주의를 누려본 경험도 없습니다.

마틴 루터 킹이 이처럼 반전운동을 펴나가자 그에 대한 미국 사회의 평가는 두 갈래로 나뉘었다. 언론도 그의 운동에 대해 두 가지로 평가를 했다. 킹의 반전운동에 찬사를 보내는 언론이 있는가 하면 반대로 비난을 퍼붓기도 했다.

설상가상으로 1967년 멤피스에서 일어났던 것과 같은 폭동이 뉴어크에서도 일어났다. 그곳은 뉴욕에서 20킬로미터쯤 떨어져 있었는데, 한 흑인 운전사와 백인 경찰 사이의 충돌이 커져서 도시 전체가 걷잡을 수 없는 투쟁의 불길로 뒤덮인 것이다.

이렇게 미국 사회는 안으로는 흑백 간의 폭력적인 대립, 밖으로는 실패임이 분명한 베트남 파병 때문에 더욱 어수선했다.

1968년이 되었지만, 미국 사회는 계속되는 베트남 전쟁 참여와 어려워진 경제 때문에 앞으로의 전망이 불확실했다. 이런 사회적인 여건은 흑인들의 생활에도 영향을 크게 끼쳐서 그들의 삶은 더욱 힘들어졌다.

더불어 마틴 루터 킹의 어깨도 더욱 무거워졌다. 그는 벼랑 끝에 서 있는 심정이었다.

'이렇게 어려운 때일수록 백인과 흑인이 마음을 하나로 합해야 미국이 안정을 되찾을 수 있어. 그런데 그런 일은 꿈처럼 멀기만 하니 큰일이구나. 둘 사이의 갈등 해결을 위해 어떻게 해야 할까? 멤피스와 뉴어크에서처럼 흑백 전쟁을 벌여야 하는 걸까?'

그가 이런 생각에 빠져 있을 때에도 전쟁과 흑백 갈등은 계속 이어졌다.

3월 초, 마틴 루터 킹은 워싱턴에서 '가난한 사람들의 행진'을 벌일 계획을 세웠다. 이 행사를 통하여 일부 백인과 손을 잡음으로써 미국의 부유층들에게 충격을 줄 것이라고 생각했기 때문이다.

'가난한 사람들이 모두 나서서 초라하고 지저분한 모습 그대로 워싱턴 거리를 행진한다면 아마 많은 사람들이 놀랄 거야. 그러면서 마음 깊은 곳에서 울리는 양심의 소리에 귀를 기울이게 되겠지.'

바로 그 무렵, 그는 멤피스에 살고 있는 목사들로부터 급히 와달라는 전갈을 받았다. 혼란에 혼란이 거듭되자 마틴 루터 킹에게 도와달라고 손을 내민 것이다.

'킹 목사님, 서둘러서 멤피스로 오셔야 하겠습니다. 이곳은 지금 청소부들의 파업 투쟁 때문에 도시 전체가 마비되고 있습니다. 목사님께서 오셔서 이런 어려운 문제들을 풀어 주셨으면 합니다. 이곳 흑인들은 모두 목사님의 말을 듣고 싶어합니다.'

그는 일단 워싱턴 행진 계획을 보류하고 멤피스로 갔다.

멤피스 1,300명의 흑인 청소부들이 동맹 파업을 시작한 것은 2월 2일이었다. 그들은 백인 청소부와 똑같이 대우해달라고 요구하며 파업을 하고 있었다. 더 정확히는 백인 청소부와 똑같이 비오는 날에는 반나절만 일해도 하루치 삯을 줄 것과 시간당 임금 60퍼센트 이상 인상해줄 것, 그리고 자기들도 노동조합을 만들 수 있도록 허락해 줄 것 등을 요구하고 있었다.

그러나 시장 헨리 로에브는 흑인 청소부들의 요구를 들어주지 않았다. 만약 그들의 요구를 들어주면 시에 고용되어 있는 소방관, 경찰, 병원 종사자들, 우편 종사자들 할 것 없이 모두 임금 인상을 요구하면서 파업을 할 것이 분명했기 때문이다.

그래도 청소부들은 굴복하지 않았다. 그러는 가운데 파업의 성격
은 인종차별 폐지 투쟁으로 바뀌어갔다. 멤피스 시 청소부의 90퍼센
트가 흑인이었으니 어쩌면 당연한 결과일지도 몰랐다.

"우리가 흑인이기 때문에 이렇게 부당한 대우를 받는 것이다."

"그러므로 인종차별부터 항거해야 한다."

"한 걸음도 물러서지 말고 우리의 요구를 끝까지 밀어붙이자!"

미국 내의 많은 흑인 지도자들이 청소부 파업을 지지하며 힘을 보
탰고, 멤피스 인구의 30퍼센트를 차지하고 있던 흑인들도 청소부들
의 파업을 지원하기 위하여 대책을 세우기 시작하였다. 그리고 이런
일을 계기로 하여 그곳 흑인들은 더욱 하나로 뭉쳤다.

흑인들은 우선 제임스 로슨의 지도 아래 멤피스 백인들 상점에서
물건을 사지 말자며 불매운동을 벌여 나갔다. 흑인들의 숫자가 상당
했기 때문에 그 파장은 제법 컸다.

"우리는 반드시 승리해야 한다."

"우리도 인간답게 살 권리가 있다."

"이것이 우리가 살아남기 위한 마지막 기회이다."

그들은 서로를 격려하면서 지칠 줄 모르고 투쟁을 벌여 나갔다.
멤피스 거리는 방치된 쓰레기들이 산더미처럼 쌓여 갔고, 날이 갈수
록 악취가 진동하여 숨을 쉬기가 힘들 정도가 되었다. 그런데 쓰레
기가 방치된 거리는 묘한 느낌을 주어서, 거리의 쓰레기 더미들도
흑인들의 움직임에 동조하고 있는 것처럼 보였다.

'흑인은 인간이다. 인간은 인간답게 살아야 한다. 그러므로 흑인

도 인간답게 살아야 한다.'

불매운동을 벌인 지 얼마 안 되었을 때였다. 수백 명의 흑인 노동자들이 시청 건물 앞으로 모여들어 시위를 벌이기 시작했다.

그러자 멤피스 시장인 헨리 로에브가 그들 앞으로 나와서 말했다.

"여러분이 아무리 떠들어도 다 쓸데없는 짓입니다. 시의 방침을 절대로 굽힐 수 없습니다. 만약 여러분이 끝까지 버틴다면 나는 여러분을 다 해고하고 청소부들을 새로 채용하겠습니다."

위협을 하면 동맹 파업이 중단되지 않을까 싶어 강하게 밀고 나간 것이다. 그런데 오히려 그의 말은 청소부들에게 분노의 불을 붙이고 말았다.

"우리를 해고한다고? 어디 마음대로 해보시지."

"만약 우리를 해고한다면 그날 너도 죽는 거야."

"자, 어서 해고하라고!"

여기저기에서 아우성이 터져 나왔다. 이윽고 여러 대의 경찰차가 나타났다. 시장이 시위대를 감당하기 힘들어지자 경찰을 부른 것이다. 경찰 국장이 차에서 내리며 시위대에게 경고했다.

"우리 경찰은 어떤 사태도 일어나지 않기를 바란다. 그러니 모두 자진하여 해산하기 바란다."

그러나 그 정도 말에 흩어질 시위자들이 아니었다. '모두 해고하겠다'는 말에 이미 그들의 마음은 상할 대로 상했으며 분노는 머리 끝까지 차올라 있었다.

"우리는 감옥으로 들어가기 원한다."

"어서 우리 모두를 끌고 가라."

198

"우리의 권리를 포기할 수는 없다."

결국 경찰 국장은 경찰들을 풀어 시위자들을 체포했다. 아니, 시위자들 스스로 경찰서로 갔다는 표현이 옳을 것이다.

그런데 문제는 그날 밤에 터졌다. 한밤중에 여기저기에서 무엇인가를 부수는 듯한 소리가 요란스럽게 멤피스 거리를 채웠다. 이어서 넘쳐나는 쓰레기 더미에서 불길이 활활 타올랐고, 겁에 질린 주민들이 소방서에 전화를 했다.

소방차가 요란한 사이렌을 울리며 시내를 돌아다녔다. 사람들은 무슨 일이 있는지 궁금해도 혹시 무슨 일을 당할지 몰라 겁이 나서 집 밖으로 한 발짝도 나가지 못했다. 한마디로 멤피스 시가는 공포의 도가니가 되어버린 것이다.

멤피스에 거주하고 있던 흑인 목사들이 마틴 루터 킹에게 이곳으로 어서 와 달라고 전갈을 보낸 건 그때쯤이었다. 그냥 방관하고 있다가는 틀림없이 걷잡을 수 없을 만큼 사태가 커질 것이 분명했기 때문이다.

마틴 루터 킹이 멤피스에 도착하자 그곳의 흑인 지도자들과 1,300여 명의 청소부들이 그를 반갑게 맞이했다. 그러나 멤피스에 사는 모든 사람이 그를 환영한 것은 아니었다. 시 당국자들과 멤피스의 백인 우월주의자들은 킹이 온 것이 내심 못마땅했다. 그가 가는 곳마다 흑인들의 문제가 확대되곤 했기 때문이었다.

마틴 루터 킹은 곧바로 1만 2천여 명이 모인 집회에서 연설을 했다. 멤피스에서도 본격적으로 비폭력 저항운동이 시작된 셈이다.

그는 집회장에 나서면서, 이전에 카마이클이 주도한 폭력 사태를 떠올렸다. 또다시 그런 일이 일어나서는 안 되었다. 그래서 그는 이렇게 말문을 열었다.

"여러분, 멤피스 시가 우리의 요구를 즉시 받아들이지 않는다고 하여 절대로 낙심해서는 안 됩니다. 왜냐하면 아무리 작은 권리라도 그것을 얻기 위해서는 반드시 어떤 대가와 희생이 따르기 때문입니다."

그러고는 다시 말을 이었다.

"먼저 구매 거부운동을 착실하게 실천해나갑시다. 제가 나서서 직접 이 운동을 이끌어나갈 것입니다. 지금은 우리가 약한 것 같지만 곧 강해질 것입니다. 다른 도시들도 우리에게 힘과 도움을 보태줄 것입니다. 여러분, 우리의 저항은 반드시 승리합니다. 그러니 모두 힘을 냅시다!"

킹은 온 마음과 힘을 다해 연설을 했다. 그는 차분히 이야기했지만, 그의 마음속에는 평등을 위한 열망으로 가득 차 있었다.

"오, 주여!"

"아멘. 아멘."

"맞습니다."

여기저기서 청중들의 환호 소리가 들렸다. 마틴 루터 킹은 마지막으로 다음과 같이 외치고 연단을 내려왔다.

"평등한 권리에 대한 정당한 요구는 반드시 승리할 것입니다!"

3월 27일, 약 6,000명의 흑인들이 멤피스에 있는 한 교회에서부터 시위를 시작하였다. 그들은 큰 글씨가 써 있는 현수막을 들고 있었다.

'우리도 인간이다!'

마틴 루터 킹과 애버내시가 앞장서서 현수막을 든 행렬을 인도하였다. 목적지는 시청 앞 거리였다. 그곳에서 마틴 루터 킹은 연설을 할 계획이었다.

그런데 잠시 후 100여 명의 젊은 시위자들이 갑자기 대열을 뛰쳐나가더니 그 부근에 있는 백인 상점들의 유리창을 닥치는 대로 부수었고, 경계하고 서 있던 경찰들도 그들을 막아서며 때려눕히기 시작했다.

우당탕. 쨍그랑. 퍽. 우지끈.

"으악!"

순식간에 주변이 난장판이 되었다. 게다가 난동을 부린 흑인 젊은이들은 백인들의 물건을 약탈하기까지 했다.

"이게 무슨 일입니까?"

깜짝 놀란 마틴 루터 킹은 그들 사이를 뛰어다니며 진정시켜 보려 했지만, 그로서는 역부족이었다.

"모두 부숴 버려!"

"백인들을 죽이자!"

흑인 젊은이들의 광란은 걷잡을 수가 없었다. 전날 겪었던 백인 폭동에 대한 앙갚음이었다.

마침내 경찰들이 중무장을 하고 출동하였다. 사방에서 최루탄들이 터졌고 무기를 든 백인들도 합세하면서 거리는 더욱 난장판이 되어버렸다. 흑인 젊은이들은 재빨리 사방으로 줄달음쳤다.

"어서 여기를 빠져나갑시다. 잘못하면 죽을 수도 있습니다."

마틴 루터 킹은 자동차로 간신히 그곳을 빠져나갔다. 아찔한 순간이었다.

난동과 폭력이 벌어지자 주 정부는 즉시 4,000명의 군인들을 멤피스로 보냈고, 경찰들은 주동자를 색출한다면서 흑인 300명가량을 체포하였다. 그들은 항거하는 흑인들을 구타하였고, 심지어 상점에서 물건을 훔쳤다는 죄명으로 16세 흑인 소년을 그 자리에서 쏘아 죽이기도 했다.

간신히 숙소로 돌아온 마틴 루터 킹은 바닥에 엎드리면서 울음을 터뜨렸다.

"으흐흑, 이건 완전한 실패가 아닌가!"

그렇다. 그날 일은 분명한 실패처럼 보였다. 그들의 행진에는 폭력이 넘쳐났고, 지금까지 잘 실천해왔던 비폭력의 철학이 무기력해 보였다.

그러자 곁에 있던 동료들이 그를 위로하면서 용기를 북돋아 주었다.

"킹 목사님, 이것은 실패가 아닙니다."

"네, 맞습니다. 난동을 부린 이들은 몇몇 젊은이들뿐이에요."

"다시 시작하면 됩니다. 예전의 강직한 신념을 가지고 다시 일어

나십시오."

킹은 동료들의 말에 위로를 얻었다. 그는 다시 마음을 다잡았다.

'그래. 내가 만약 이대로 이곳을 떠난다면 멤피스는 말할 것 없고 전국에 있는 흑인들 모두 무척이나 실망할 거야. 그들에게 그런 슬픔을 줄 수는 없어.'

그는 멤피스 사태가 최악의 시험대라고 생각했다. 그 앞에서 절망하고 무릎을 꿇을 것이 아니라, 어떻게 해결하고 벗어날 것인지를 더 고민하고 기도해야 했다.

마틴 루터 킹은 그로부터 며칠이 지나서야 겨우 안정을 되찾을 수 있었다. 참혹한 악몽에서 막 깨어난 기분이었다. 그는 그대로 물러날 수 없었다. 다시 일어서야 했다. 그러나 그 후 멤피스에서 크나큰 비극이 일어나리라고는 킹 자신도, 동료들도, 그 누구도 예상하지 못했다.

아, 무자비한 총탄에

　　　　　　　　　　　　　1968년 4월 4일의 일이었다.
이날도 멤피스 거리는 청소부들의 파업으로 쓰레기 더미가 어지럽
게 널려 있었다. 하지만 전날의 폭동 같은 것이 일어날 기미는 없었
다. 아니, 이전의 폭동이 너무나 심각했기 때문에 상대적으로 더욱
고요하게 느껴졌는지도 모른다.

　오후 3시 30분경, 키가 훤칠한 남자 손님 하나가 커다란 가방을
들고 베시 브리어드 모텔로 들어섰다.

　"빈방 있습니까?"

　"예, 있습니다."

　"괜찮다면 제가 묵을 방을 제가 골라도 되겠습니까?"

　"원하는 곳이 비어 있다면 그렇게 하십시오."

　그는 숙박계에 이름을 쓰고 5호의 열쇠를 집어 들었다. 그 사람은 제임스 얼 레이라는 백인이었다.

　그는 방으로 들어가자마자 문을 굳게 걸어 잠그고 손에 들고 있던 커다란 가방을 열었다. 그러고는 분해되어 있던 총을 조심스럽게 조립하기 시작했다.

　그는 완성된 총을 들고 방을 나와, 방문 반대편으로 난 창밖을 찬찬히 살피기 시작했다. 건너편에는 마틴 루터 킹이 묵고 있는 로레인 모텔이 있었다. 이 건물과 로레인 모텔은 겨우 60미터 떨어져 있었고, 제임스 얼 레이가 있던 장소에서는 킹이 있던 방이 정면으로 보였다. 그는 암살자임이 분명했다.

　5시 50분경, 마틴 루터 킹이 애버내시 등 동료들과 함께 여러 가지 의논을 하기 위해 발코니로 나왔다. 그날 저녁 그는 흑인들만 모인 집회에서 연설하기로 되어 있었고, 저녁 식사도 킬스 목사의 집에서 하기로 예정되어 있었다.

　목표물이 나타나자 얼 레이는 창문턱에 총을 올려놓고서 때를 기다리고 있었다. 마침 그때 로레인 모텔 마당에는 그날 저녁 집회 때 킹이 연설한 후에 축가를 불러줄 성악가 일행이 도착하고 있었다.

　"안녕하십니까, 킹 목사님."

　"벌써 도착했군요. 오늘 밤 축가는 어떤 노래입니까?"

　" '주여 내 손을 잡아주소서' 입니다. 언제나 우리에게 감동을 주는 노래지요."

　"잘됐군요. 나도 그 노래를 무척 좋아한답니다. 멋진 목소리로 부르는 노래를 듣고 싶군요."

　"잠시 후 들려드리겠습니다, 목사님."

〈주여, 내 손을 잡아주소서〉라는 흑인영가는 마틴 루터 킹이 가장 즐겨 불렀던 노래였다.

나의 갈 길 험난해도
주님은 항상 가까이 계시지
나의 생명이 끝나는 순간에도
주님은 내 손을 붙잡아 주시지

마틴 루터 킹이 몸을 돌려 방으로 들어가던 그때, 탕! 하는 총성이 났다. 그리고 그와 함께 그는 비명도 지르지 못한 채 그대로 앞으로 꼬꾸라졌다. 그의 입에서는 가는 신음이 흘러나왔고, 가슴에서는 선명하고 붉은 피가 흘러나왔다.

거실에 있던 동료들과 막 도착한 성악가 일행이 넋이 나간 얼굴로 킹에게 다가갔다. 모두 너무 놀란 나머지 그 누구도 말 한마디 꺼내지 못했다. 눈 깜짝할 사이에 벌어진 사건은 모두를 큰 충격에 빠트렸다.

'됐다!'

이 혼란 속에서 총을 쏜 암살자는 더욱 이성적으로 움직였다. 킹이 쓰러진 것을 확인하고 차분하게 총을 분해한 다음 혹시 자신이 흔적을 남긴 것이 있는지 확인할 정도로 여유 있게 행동했다. 그리고 서둘러 여관을 빠져나갔다.

잭슨 목사가 마틴 루터 킹의 머리를 조심스럽게 감싸 안았다. 다행히도 그의 생명은 아직 꺼지지 않은 상태였다. 감기지 않은 그의 눈은 무엇인가를 말하고 싶어 했지만 입은 열지 못했다.

"오, 하나님!"

"두 번째 케네디가 되었군."

"이런 비극이 어디 있담."

"이제 시작이었는데…."

"오, 주여! 킹 목사를 살피소서."

때마침 앰뷸런스가 도착하였고 그가 병원으로 이송되었다. 의사들은 서둘러 그를 병원 응급실로 옮겼다. 그러나 킹의 모습을 본 이들은, 그 누구도 입 밖으로 그 사실을 꺼내지 않았지만, 킹이 회복할 수 없음을 직감했다. 총알이 척추를 관통했기 때문에 살아난다는 것은 불가능하다고 생각했다. 그럼에도 불구하고 하나님이 기적을 일으켜 주시기를 기도했다.

마틴 루터 킹의 죽음은 1968년 4월 4일 19시에 정식으로 발표되었다. 그 누구도 예측하지 못했던 비극이었다.

"병원에 도착했을 때 그는 이미 죽은 상태였습니다."

한 의사가 그렇게 말하였다.

"좀 더 조심했어야 했는데…."

"우리의 잘못입니다."

"킹 목사님이 이런 일을 당하다니, 정말 믿어지지 않습니다."

동료 목사들이 눈물을 흘렸다. 특히 애버내시 목사는 "우리가 킹 목사님을 죽였다"고 하면서 대성통곡을 했다.

한편 아무런 소식도 전해 듣지 못했지만, 킹 부인은 그날따라 이상한 예감에 불안해하고 있었다.

그때 전화벨이 울렸다.

"여보세요?"

"여긴 멤피스입니다."

"멤피스요? 왜 남편이 직접 전화를 하지 않은 거죠?"

"그게….."

킹 부인은 남편에게 무슨 일이 일어난 게 분명하다고 생각했다.

"제 남편에게 무슨 일이 생기기라도 했나요?"

"네. 그러니 지금 즉시 이곳으로 와주셨으면 합니다…."

"…"

많이 다쳤다거나 조금 다쳤다는 대답이 아니라 그냥 와달라고 하니, 심각한 일이 분명했다. 그녀는 혹시 남편이 죽은 것은 아닐까 하는 생각을 했지만 이내 고개를 저으며 그런 생각을 떨쳐 버리려고 했다.

'죽은 것은 아닐 거야. 그럴 리가 없어. 아직 그가 할 일이 얼마나 많은데!'

코레타 킹은 도저히 불길한 생각을 지울 수가 없었다. 그러나 자신이 직접 확인하기 전까지는 그 어떤 것도 생각하지 말자고 다시 한 번 다짐했다.

멤피스에 도착해 남편의 시체를 직접 확인했을 때, 코레타 킹은 그 자리에 주저앉고 말았다. 눈앞이 캄캄했다. 남편이 하던 비폭력 투쟁, 아직 어린 네 아이들이 떠오르며 머릿속이 복잡했다. 그러나 그대로 주저앉을 수는 없었다. 킹 부인은 일어나서 남편의 장례식을 준비했다.

멤피스 경찰은 사건이 터지자 즉시 전 시내의 거리를 경계하였고, 로레인 모텔을 봉쇄하고 나서 서둘러 범인을 검거하는 데에 총력을 기울였다. 그러나 안개처럼 사라져 버린 사람을 찾아내기란 쉬운 일이 아니었다.

"난 정말 생각이 나지 않아요. 손님 얼굴을 자세히 보지 않았으니까요. 입가의 웃음만 기억날 뿐입니다."

베시 브리어드 모텔의 주인은 혹시 자기한테 불똥이 튈까 전전긍긍하는 표정으로 그렇게 말하였다.

킹의 죽음이 알려진 그 시간, 마침 존슨 대통령은 백악관에서 각료들과 함께 베트남 전쟁에 대해 의논하고 있었다. 그러다가 마틴 루터 킹의 암살 소식을 들었다.

"대통령 각하. 저….."

"무슨 일입니까? 회의 중간에 전달해야 할 만큼 중요한 일입니까?"

존슨 대통령은 베트남 전쟁에 신경을 쓰느라고 무척 지쳐 있는 상태였다.

"네. 조금 전에 마틴 루터 킹 목사님이 암살자의 총에 쓰러지셨다고 합니다.”

“그게 정말입니까?”

“네. 방금 들어온 소식입니다.”

그는 그 회의가 끝난 뒤에 즉시 하와이로 건너갈 계획이었다. 거기에서 베트남과 평화 협상을 하기로 되어 있었기 때문이다. 그러나 그는 마틴 루터 킹의 암살 소식을 들은 후 모든 일정을 취소시켰다.

한편 민주당 대통령 후보로 나서기 위해 한참 선거전에 열을 올리고 있던 로버트 케네디는, 인디애나에서 흑인들에게 연설을 하던 중 킹 목사가 죽었다는 내용의 쪽지를 전달받았다.

그는 울음 섞인 목소리로 군중들에게 말했다.

“여러분, 슬픈 소식을 전하게 되어 정말 미안합니다. 조금 전에 마틴 루터 킹 목사님이 암살을 당했다고 합니다. 나의 형님처럼 그도 정의의 희생물이 되고 말았습니다.”

그 집회는 더 이상 진행되지 못했다.

그날 밤, 존슨 대통령은 텔레비전 방송을 통하여 전 미국인들에게 성명을 발표했다.

“나는 지금 슬픔을 금할 수가 없습니다. 어떤 말로 애도의 뜻을 표해야 할지 모르겠습니다. 그러나 분명한 것은, 우리가 킹 목사님의 죽음을 절대로 헛되게 만들어서는 안 된다는 것입니다.”

이튿날이 되자 미국 전역이 술렁거렸다. 전날 밤에 대통령이 애도 연설을 했을 뿐만 아니라 방송과 신문에서도 연이어 킹의 죽음을 보도했기 때문이었다. ‘다시 일어난 댈러스 사건’, ‘마틴 루터 킹, 흑

인들의 대통령이 암살당했다' 등으로 된 제목의 뉴스가 쉴 새 없이 방송되었다.

한마디로 마틴 루터 킹의 죽음은 전 미국의 슬픔이었다. 이와 동시에 흑인들의 분노가 터져 나왔다. 분노한 이들이 워싱턴의 백악관으로 모여들었다. 어떤 사건이 일어날지 몰라 경비병들은 기관총을 들고 백악관 사방을 둘러쌌다.

평소에 블랙 파워를 주장해 오던 흑인 지도자들은 이때를 놓치지 않고 흑인 군중들을 향해 소리쳤다.

"집으로 돌아가 무기를 들고 나오십시오!"

"백인이 방해하면 무조건 부숴 버립시다!"

"더 이상 우리의 피를 흘릴 수 없습니다."

이 말이 떨어지자마자 지금까지 분노를 억눌러 왔던 젊은이들이 참지 못하고 사방으로 뛰쳐나가더니, 주변에 백인들이 운영하고 있는 상가들을 부수는가 하면 불을 지르기 시작했다. 화산이 폭발하는 것 같은 분노의 폭발이었다. 이런 소동은 그 즉시 미국 전역으로 퍼졌고, 그 후로 2주 동안은 무법천지가 되었다.

경찰과 군인들이 주동자를 체포하러 나섰지만, 그렇다고 해서 난동을 부리는 흑인들을 무조건 잡아들일 수는 없었다. 킹을 잃은 그들의 분노를 이해했기 때문이다. 그러나 안타깝게도 이런 모습은 킹이 꿈꾸던 것이 아니었다.

1968년 4월 9일, 마틴 루터 킹의 장례식이 국장으로 거행되었다. 날씨는 화창하고 맑았다.

오전 10시에 라디오에서 아나운서의 목소리가 흘러나왔다.

"친애하는 국민 여러분, 이제 막 애틀랜타에 있는 에버니저 침례교회에서 마틴 루터 킹 목사님의 장례식이 시작되었습니다. 이 시간 다 같이 애도해 주시기 바랍니다."

온 나라는 장엄한 침묵에 휩싸였다. 각 도시의 상점들은 조기를 걸었으며, 그를 애도하는 조총 소리가 조용한 거리에 울려 퍼졌다.

마틴 루터 킹의 죽음으로 미국 시민들에게도 변화가 생겼다. 이제는 무언가 달라져야 한다는 여론이 일기 시작했던 것이다.

존슨 대통령이 4월 7일 하루를 '애도의 날'로 선포하고, 장례식 당일에는 전국에 있는 대학교는 물론 심지어 중고등학교까지 모두 임시 휴교에 들어가도록 했다. 이것만 보아도 마틴 루터 킹의 영향력이 얼마나 컸는지는 충분히 짐작할 수 있다.

애틀랜타의 에버니저 침례교회. 마틴 루터 킹이 어렸을 적부터 신앙생활을 하면서 자란 곳이다. 그런데 이제는 그곳에서 그의 장례식이 거행되고 있었다.

국화와 백합으로 뒤덮인 그의 장례식을 1억 2천만의 전 국민에게 보이기 위해 카메라들이 부지런히 움직이고 있었다. 그리고 미국 부통령 험프리를 비롯해 수많은 외국 대사들까지 그의 장례식에 참석해서 만원을 이루었다.

이렇게 마틴 루터 킹은 서른아홉이라는 짧은 나이로 인생의 막을 내렸다. 그러나 인간의 기본적인 권리를 찾기 위해 헌신적으로 비폭력 투쟁을 이어나간 그의 정신은 아직도 생생하게 남아 있어 많은 이들의 마음을 울리고 있다.

1929년	1월 15일, 미국 조지아 주 애틀랜타 시에서 태어나다.
1944년(15세)	모어하우스 대학에 입학하다.
1948년(19세)	크로저 신학교에 입학하다. 간디의 비폭력주의 사상을 접하다.
1953년(24세)	코레타 스콧과 결혼하다.
1954년(25세)	앨라배마 주 몽고메리 시에 있는 덱스터 애비뉴 침례교회의 목사가 되다.
1955년(26세)	보스턴 대학원에서 신학박사 학위를 받다. 몽고메리 시에서 버스 안 타기 운동이 시작되다.
1956년(27세)	미국 연방법원에서 몽고메리 시 버스의 인종차별은 불법이라고 판결 내리다.

한눈에 보는 마틴 루터 킹의 생애

1963년(34세)   버밍햄 시에서 인종차별을 없애기 위한 운동을 벌이다.
8월 28일, 워싱턴에서 '나에게는 꿈이 있습니다' 라는
연설을 하다.

1964년(35세)   노벨 평화상을 받다.

1966년(37세)   미국 북부의 인종차별을 없애기 위해 가족과 함께
시카고로 떠나다.

1967년(38세)   베트남 전쟁에 대해 반대 발언을 하다.
이 일로 미국 연방 정부와 동료들에게 비난을 받다.

1968년(39세)   4월 4일, 멤피스 시에서 총에 맞아 세상을 떠나다.

Martin Luther King

온 백성은 기쁘고 즐겁게 노래할지니
주는 민족들을 공평히 심판하시며
땅 위의 나라들을 다스리실 것임이니이다 (셀라)
시편 67편 4절

실천 · 적용 편

"평등으로 하나님께 영광을!"

—

부록1 하나님이 원하시는 마음밭 만들기

사전에서 '평등'의 뜻을 찾아보면 '권리, 의무, 자격 등이 차별 없이 고르고 한결같음'이라고 나옵니다. 하나님은 우리를 공평하게, 평등하게 사랑하세요. 악인들에게까지 은혜를 베푸시는 하나님이죠. 그런데 사람들은 외모나 재산, 학력 등을 가지고 차별해요. 이것은 그 어떤 변명을 한다 해도 분명히 하나님 뜻에 어긋나는 일입니다. 마틴 루터 킹은 하나님의 뜻을 잘 알고 있었기 때문에 온몸과 마음과 힘과 뜻을 다해 인종차별에 대항했습니다.

"미국의 몽고메리에서 이곳 스톡홀름까지의 길이 멀고도 험한 것같이, 그 과제를 해결하는 길 역시 멀고 어려울 것이 분명합니다. 하지만 하나님의 정의는 이 땅의 불의를 절대로 그냥 놓아두지 않는다는 사실을 우리는 명심해야 하겠습니다."
(170p).

220

부록2 말씀과 성품 씨앗 심기

'평등'이란?

이 세상은 하나님이 만드셨어요. 온 세상 곳곳에 하나님의 숨결이 숨어 있지요. 그러기에 하나님은 이 세상을 평등하게 사랑하신답니다. 누구는 잘 생겨서, 누구는 돈이 많아서, 누구는 피부가 하얗기 때문에 더 사랑하시는 하나님이 절대로 아니에요. 하지만 안타깝게도 세상은 그렇지 못합니다. 우리가 지금 이 세상을 바꾸지는 못하지만, 생활 속의 작은 일에서라도 공평을 실천한다면 앞으로 우리가 살아갈 이 땅은 훨씬 살기 좋은 곳, 하나님이 기뻐하시는 곳이 될 거예요. 마틴 루터 킹이 했던 것처럼 말이지요.

말씀의 전신갑주를 입고 전진!

생활 속에서 정의를 실천하기 전에 먼저 하나님의 말씀으로 옷 입는 것이 중요합니다. 성경암송을 통해 소망을 마음판에 새기는 시간을 가져보세요(다 외웠으면 직접 적어보세요).

1단계 속이는 저울은 여호와께서 미워하시나 공평한 추는 그가 기뻐하시느니라(잠 11:1).

_____

_____

_____

_____

2단계 여호와께서는 지극히 존귀하시니 그는 높은 곳에 거하심이요 정의와 공의를 시온에 충만하게 하심이라(사 33:5).

_____

_____

_____

_____

3단계 구름과 흑암이 그를 둘렀고 의와 공평이 그의 보좌의 기초로다(시 97:2).

_____

_____

_____

_____

_____

_____

4단계 모든 나라 가운데서 이르기를 여호와께서 다스리시니 세계가 굳게 서고 흔들리지 않으리라 그가 만민을 공평하게 심판하시리라 할지로다(시 96:10).

_____

_____

_____

_____

생활 속에서 직접 해보는 평등 훈련

 가정 우리는 한 몸

엄마나 아빠가 나보다 동생이나 오빠, 누나나 형을 더 예뻐하는 것같이 느껴질 때가 있나요? 그럴 때면 부모님이 우리를 평등하게 대하지 않는 것 같아서 반항하고 싶은 마음이 드는 게 사실입니다. 그러나 절대 잊으면 안 돼요. 부모님은 하나님 다음으로 우리를 가장 사랑하신답니다!

> **구체적 적용** 늘 나만 혼나고, 다른 형제가 칭찬받는 것 아닐 거예요. 분명히 반대 상황도 있었을 거예요. 다만 사람에게는 좋은 일은 쉽게 잊어버리고 속상한 일은 오래오래 기억하는 못된 습관이 있기 때문에, 당장 기억하지 못하는 것뿐이지요. 다른 형제가 칭찬받았나요? 함께 기뻐해주세요. 모든 서운한 감정이 사라질 거예요.

 **학교** 집단 따돌림? 절대 안 돼요!

흔히 '왕따'라고 불리는 집단 따돌림이 사회적으로 큰 문제가 되고 있어요. 휴대폰으로 채팅을 하며 '은따'를 정해 괴롭히고, 여러 친구가 한 아이를 구타하면서 동영상으로 찍기도 하고…. 하나님께서도 이 모습을 보시고 마음 아파하세요. 만약 우리가 이런 상황에 있거나 이런 상황에 있는 아이를 보았을 때 그리스도인으로서 우리는 어떻게 해야 할까요?

> **구체적 적용** 우리가 할 수 있는 가장 작고도 큰 힘을 가진 것이 바로 '기도'입니다. 나는 할 수 없지만 하나님은 하실 수 있으니까요. 그리고 어른들의 힘도 필요해요. 학교폭력위원회나 담임선생님, 부모님께 반드시 알려야 해요. 모두 함께 노력한다면, 언젠가는 이런 문제들이 해결될 거예요.

규장 신앙위인 북스 17

마틴 루터 킹

개정판 1쇄 발행	2014년 5월 9일
초판 1쇄 발행	1993년 2월 15일
초판 12쇄 발행	2007년 5월 2일

지은이　　　오병학

펴낸이　　　여진구
책임편집　　3팀 | 안수경, 유혜림
편집　　　　1팀 | 이영주, 김수미　　2팀 | 최지설, 김나연　　4팀 | 김아진, 김소연
책임디자인　황혜정, 전보영 | 이혜영, 마영애

기획·홍보　이한민　　　　　　　　　　　　　　**해외저작권**　김나은
마케팅　　김상순, 강성민, 허병용, 이기쁨　　**마케팅지원**　최태형, 최영배, 이명희
제작　　　조영석, 정도봉　　　　　　　　　　**경영지원**　　김혜경, 김경희

이슬비전도학교　최경식, 전우순　　　　　　　**303비전성경암송학교**　박정숙, 정나영, 정은혜
303비전장학회 & 303비전꿈나무장학회　여운학

펴낸곳　　　규장

주소 137-893 서울시 서초구 양재2동 205 규장선교센터
전화 02)578-0003　　**팩스** 02)578-7332
이메일 kyujang@kyujang.com　　**홈페이지** www.kyujang.com
트위터 twitter.com/_kyujang　　**페이스북** facebook.com/kyujangbook
등록일 1978.8.14. 제1-22

ⓒ 저작자와의 협약 아래 인지는 생략되었습니다.
이 출판물은 저작권법에 의해 보호를 받는 저작물이므로 무단 전재와 무단 복제를 할 수 없습니다.

책값 뒤표지에 있습니다.
ISBN 978-89-6097-216-2 03230

규 | 장 | 수 | 칙

1. 기도로 기획하고 기도로 제작한다.
2. 오직 그리스도의 성품을 사모하는 독자가 원하고 필요로 하는 책만을 출판한다.
3. 한 활자 한 문장에 온 정성을 쏟는다.
4. 성실과 정확을 생명으로 삼고 일한다.
5. 긍정적이며 적극적인 신앙과 신행일치에의 안내자의 사명을 다한다.
6. 충고와 조언을 항상 감사로 경청한다.
7. 지상목표는 문서선교에 있다.